国家社会科学基金重大项目"我国碳排放权交易体系的评估与完善研究"（18ZDA107）

吉林大学碳达峰碳中和专项"绿色金融资源配置与我国碳达峰目标实现"（2022ST01）

绿色金融资源配置与中国"双碳"目标的实现

杜莉 等 ◎ 著

中国社会科学出版社

图书在版编目(CIP)数据

绿色金融资源配置与中国"双碳"目标的实现 / 杜莉等著. -- 北京：中国社会科学出版社，2024. 6.

ISBN 978-7-5227-4294-6

Ⅰ. F832

中国国家版本馆 CIP 数据核字第 20246K96Z6 号

出 版 人	赵剑英	
责任编辑	郭 鹏	马 明
责任校对	高 俐	
责任印制	李寡寡	

出　　版	中国社会科学出版社
社　　址	北京鼓楼西大街甲 158 号
邮　　编	100720
网　　址	http://www.csspw.cn
发 行 部	010-84083685
门 市 部	010-84029450
经　　销	新华书店及其他书店

印　　刷	北京明恒达印务有限公司
装　　订	廊坊市广阳区广增装订厂
版　　次	2024 年 6 月第 1 版
印　　次	2024 年 6 月第 1 次印刷

开　　本	710×1000　1/16
印　　张	14.75
字　　数	215 千字
定　　价	78.00 元

前　言

2020 年 9 月 22 日，习近平总书记在第七十五届联合国大会一般性辩论上强调，中国将采取更有力的政策和措施，力争在 2030 年前实现碳达峰，并争取在 2060 年前实现碳中和，即"3060 目标"。2021 年 9 月，中共中央、国务院出台《中共中央　国务院关于完整准确全面贯彻新发展理念做好碳达峰碳中和工作的意见》，提出绿色金融是推进"双碳"目标的关键环节之一，要积极发展绿色金融、有序推进绿色低碳金融产品和服务开发、建立健全绿色金融标准体系。在实现碳达峰碳中和目标的道路上，绿色金融是实现目标的关键能力支撑，要实现碳达峰、碳中和的目标，绿色金融的资源配置显得尤为重要。合理的绿色金融资源配置，为双碳目标的实现提供金融要素支持。因此，本书的研究选题既具有理论价值，又具有现实意义和战略意义。

我们深入研究绿色金融资源配置与"双碳"目标的实现问题，源于国家社会科学基金重大项目"我国碳排放权交易体系的评估与完善研究"（18ZDA107）以及吉林大学碳达峰碳中和专项"绿色金融资源配置与我国碳达峰目标实现"（2022ST01）两个项目的助推。为了展开研究，我们组成了由吉林大学杜莉教授牵头引领和设计，孙秋枫、李建瑞、胡继立、马继涛、张雨佳、吴雪婷、姜林岐、盛童童等人共同合作研究的团队。研究团队通过参加国内重要的学术会议、实地调研，召开组会、工作坊、学术研讨会等形式，占有研究资料，确定研究的切入点、研究方法和研究内容，提出了"'双碳'愿景下如何构建绿色金融体系?""绿色金融资源配置如何助力我国碳达峰目标的实现?""碳排放权交易是否有利于企业投资效率的提升?""绿色金融如何赋能我国钢铁行业的低碳转型?""碳排放权交易有助于电力企业绩效的提升吗?""绿色金融资源配置如何助推我国碳中和目标的实现?""欧盟碳边境调节机制设计的环境有效性如何?"等一系列问题,并力图通过研究回答这些问题。研究期间,研究团队在《欧洲研究》《福建师范大学学报》等期刊公开发表多篇该主题的研究成果。

本书集结了研究团队的研究成果,我们希望通过我们的研究努力,为我国优化绿色金融的资源配置,实现碳达峰、碳中和的"3060目标"作出我们应有的贡献。

目　录

第一章 绿色金融资源配置如何助力我国碳达峰目标的实现?

内容提要：我国于 2015 年在巴黎气候峰会中承诺，到 2030 年实现碳排放达峰目标。要实现碳达峰目标，必须坚持发展绿色经济，而绿色金融无疑是实现绿色经济的重要途径。因此，如何优化绿色金融资源配置成为推动中国节能减排、实现经济转型的核心。考察绿色金融资源配置对碳达峰的影响及其作用机制有助于评价中国绿色金融资源配置的减排成效，为完善绿色金融体系、转变经济发展方式提供有益参考。我们构建了绿色金融资源配置评价指标体系，用熵值法测算了绿色金融资源配置水平，并对测算结果和碳排放情况进行特征分析。在实证研究中，选取中国省域 2010—2020 年度相关数据，将绿色金融资源配置水平纳入 STIRPAT（Stochastic Impacts by Regression on Population, Affluence and Technology）拓展模型，探索分析绿色金融资源配置因素对当前我国碳排放的影响程度，并建立了中国 2023—2035 年的发展情景，通过设置基准情景、低减排情景和高减排情景下各变量的参数，计算出 2023—2035 年我国碳达峰的时间拐点和峰值，特别分析绿色金融资源配置对碳达峰的影响程度。根据研究结论，我们从建立健全绿色金融政策支持体系等四个方面提出了政策建议。

关键词：绿色金融；资源配置；碳达峰；目标；实现

在 2015 年的巴黎气候峰会上，中国提出了自主贡献目标，即我国的二氧化碳排放量须于 2030 年前后达到峰值。2020 年 9 月 22 日，习近平总书记在第七十五届联合国大会一般性辩论上强调，中国将采取更有力的政策和措施，力争在 2030 年前实现碳达峰，并争取在 2060 年前实现碳中和，即"3060 目标"。碳达峰的内在含义是指在某个时间段内，某地区年度 CO_2 排放量达到最大值，随后经历一定范围内的波动，紧接着排放量呈速率不确定的持续下降趋势，这个最大值就是 CO_2 排放量由上升趋势转变为下降趋势的拐点，意味着实现了碳达峰。碳达峰意味着经济发展与碳排放脱钩，为碳中和愿景的实现奠定坚实基础。

2021 年 9 月，中共中央、国务院出台《中共中央　国务院关于完整准确全面贯彻新发展理念做好碳达峰碳中和工作的意见》，提出绿色金融是推进"双碳"目标的关键环节之一，要积极发展绿色金融、有序推进绿色低碳金融产品和服务开发、建立健全绿色金融标准体系。在实现碳达峰、碳中和目标的道路上，绿色金融是协助减缓气候变暖趋势的重要抓手，是实现目标的关键能力支撑，要实现碳达峰、碳中和的目标，绿色金融的资源配置显得尤为重要。合理的绿色金融资源配置，坚持以节约资源与环境保护为基础，通过金融产品创新引导个人和机构投资者、企业以及政府共同参与实现绿色发展目标。绿色金融资源配置是对绿色金融资源进行开发、分配、使用的过程，是绿色金融运行的核心，表现为使用专门针对环境保护而开发的创新型金融工具，包括绿色信贷、绿色债券、绿色保险、绿色投资以及碳金融等，来提高资金使用效率，解决资源枯竭、环境恶化和生态失衡的困局，为双碳目标的实现提供金融要素支持。近年来，我国绿色金融体系建设加快推进，资源配置不断优化。截至 2021 年底，我国本外币绿色贷款达 15.9 万亿元，比 2020 年增长 33%，存量规模居世界第一[①]；我国境内绿色债券发行量已超过 6000 亿元，同比增长 180%，每年绿色债券融资项目可节约近

---

① 吴秋余：《我国绿色贷款存量规模居全球第一》，《人民日报》2022 年 3 月 8 日。

5000 万吨的标准煤，相当于减少 1 亿吨以上的二氧化碳排放[①]；2021 年 7 月 16 日，我国统一碳排放权交易市场开市，第一笔交易成交额达 790 万元[②]，自碳市场上线交易以来，总交易额达 76.61 亿元，履约完成率为 99.5%[③]。

绿色金融资源配置能否推动我国碳达峰目标的实现，其影响机制是什么，这些问题亟须从理论和实证研究结论等多维度给予回答，故而也构成了我们对此展开研究的出发点。

本章的边际贡献，一是研究对象和研究内容的深化与拓展。已有文献主要聚焦于绿色金融资源配置对碳排放的作用效果以及金融资源配置对碳达峰的影响，较少从实证研究视角将绿色金融资源配置和碳达峰直接联系起来，且在我国以往碳达峰预测的研究中，大部分文献是以某个省份或者某个行业为视角进行探讨，很少有文献对全国省域研究。我们尝试以理论分析和实证结合的方式，选取中国省域相关数据，创新性地把绿色金融资源配置因素纳入 STIRPAT 拓展模型中进行回归，并进行情景设置测算碳达峰时间和峰值，考量了绿色金融资源配置对碳达峰的影响，使研究结论更真实可靠，同时也为后续政策制定提供依据。二是拓展和完善了绿色金融资源配置评价指标体系。由于绿色金融资源配置相关的数据大多来自全国层面，官方统计的相关绿色金融产品的数据均没有涉及具体的省份，我们在相关省域指标数据可得的情况下，构建合理的评价指标体系，克服传统研究指标不合理或不全面的弊端，依据绿色信贷、绿色证券、绿色保险、绿色投资以及碳金融五种不同类型的金融服务构建绿色金融资源配置的综合评价指标体系，将更多新兴的绿色金融业务要素纳入研究范围，更全面地反映各省份的绿色金融资源配置

---

① 刘琪：《央行研究局：2021 年境内绿色债券发行量超过 6000 亿元》，《证券日报》2022 年 3 月 4 日。

② 岳弘彬、胡永秋：《全国碳排放权交易市场上线交易正式启动》，《人民日报》2021 年 7 月 16 日。

③ 刘毅、寇江泽：《碳排放配额累计成交量 1.79 亿吨》，《人民日报（海外版）》2022 年 1 月 4 日。

水平,从而体现绿色金融资源配置的多元要素对碳达峰目标实现的影响。

一 相关文献梳理与评述

第一,绿色金融资源配置、评价及其影响。Labatt 和 White(2002)指出,绿色金融资源配置通过对金融工具产品的使用来提高环境效益,进而减少环境污染,改善环境质量。Sachs 等(2019)强调,绿色金融资源配置是基于相关政策,利用创新型金融工具为绿色清洁项目的投融资提供资金支持,降低环境风险,助力可持续发展目标实现。曾学文等(2014)基于我国绿色金融领域披露的信息,并考虑了相关数据的统计特点之后,建立了一套贴合我国绿色金融资源配置实际的评价指标体系。Clark 等(2018)从银行机构规模、结构及其绿色信贷规模等维度构建指标体系,测算绿色金融资源配置水平。董晓红等(2018)重点从绿色信贷、绿色基金、碳金融等层面构建指标体系,其中绿色信贷所占份额高于其他绿色金融业务。孙畅等(2021)构建了衡量绿色金融资源配置水平的评价体系,得出我国绿色金融资源配置与绿色技术创新长期处于拮抗耦合状态,绿色金融资源配置结构是制约二者的关键。崔和瑞等(2023)认为,绿色技术与绿色金融资源配置的耦合协调度呈东高西低、东快西慢的分布格局,中间水平省份占主导,结构由"金字塔形"向"橄榄形"转变。朱向东等(2021)分别研究了环境规制和绿色金融资源配置对重工业和轻工业技术进步的影响,指出绿色金融资源配置对中西部轻工业的技术效应最大。Wang 等(2019)认为绿色金融资源配置压缩了对化石能源依赖度大的产业的信贷投放,拓宽了技术密集型产业的融资渠道,从而对产业结构升级起到积极作用。张可等(2022)认为,绿色信贷对产业结构的优化作用具有空间溢出性,对周边地区的节能减排能够产生积极影响。Steckel 等(2017)认为,以绿色气候融资为代表的创新金融工具在全球能源体系脱碳中发挥重要作用。史丹和李少林（2020）研究了排污权交易制度对能源消耗强度发挥的作用，结果表明，排污权交易制度通过推动企业绿色创新和协调政府与市场之间的关系等渠道降低能源消耗强度，提高能源利用效率。刘莎和刘明（2020）在实证研究层面基于投入产出模型和 EKC 假说理论进行探讨，结果显示，经济增长、环境质量与绿色金融资源配置三者之间会互相影响，绿色金融资源配置能够改善环境质量但效果不大。

第二，碳排放与碳达峰及其目标的实现。付喆等（2019）的研究认为，经济结构调整和适度工业化是实现减排及我国碳达峰的关键。Su等（2020）利用 STIRPAT 模型预测分析的碳达峰时间在 2028 年。Oleg等（2018）指出，中国碳达峰的实现会受经济发展、清洁技术发展和非化石能源开发等因素的影响，并预测碳达峰会以 110 亿吨左右在2030 年前实现。洪竞科等（2021）对我国从 2020 年开始之后 30 年的碳排放达峰进行模拟预测分析，发现碳排放轨迹在供给侧结构性改革情景下，峰值水平最低，并将最早于 2029 年达峰。王火根等（2022）对不同方案进行设计分析后认为，综合考虑经济发展、能源结构和产业结构的情况下，中国碳达峰将在 2024 年实现，峰值为 104.45 亿吨。陈涛等（2022）设置了基准情景、低减排情景和高减排情景三种模式，其中高减排情景碳达峰实现时间最早，2023 年峰值达到 110.00 亿吨，基准情景下碳排放峰值约 110.87 亿吨，达峰时间比高减排情景延后四年，低减排情景下碳排放峰值约 112.04 亿吨，达峰时间比基准情景还要晚两年。Han 等（2017）指出城市化进程和区域差异会对碳达峰的实现时间产生影响，我国东部地区在 2020—2025 年会实现碳排放达峰，中部地区达峰时间比东部地区晚约 5 年，西部地区比中部地区再晚约 5年。关于影响碳排放的因素，田娟娟等（2021）基于 STIRPAT 模型的研究认为，在富含煤炭资源的地区，人口密度、经济规模、产业结构和能源强度均会促进二氧化碳的排放。石建屏等（2021）使用 LMDI 模型对碳排放的影响因素进行分解，指出经济增长对促进碳排放的贡献率最大，能源强度对抑制碳排放的贡献率最大。

第三，绿色金融资源配置对碳达峰的影响。曹廷求等（2021）认为，绿色信贷不仅通过抑制"两高"企业碳排放达到减排效果，同时也通过促进区域创新减少碳排放。金佳宇和韩立岩（2016）对国际绿色债券进行了详细研究，认为绿色债券为基础设施低碳化升级和能源低碳项目提供强有力的支撑，提升其信息透明度、降低债券违约风险能够更高效地引导资金流向绿色清洁项目。田原等（2017）将银行间接融资方式和绿色债券直接融资方式的碳减排效果进行对比，得到绿色债券更有效的结论。莫凌水等（2019）指出，长期来看绿色投资在改善环境质量、保证外部效益的前提下，也提升了企业的内部收益，刺激企业绿色化转型。Huang 等（2021）的分析研究指出，绿色投资通过技术进步效应减少了碳排放。崔欢和严浩坤（2020）认为，当前我国绿色保险发展存在体制机制梗阻和标准不一致等问题，有待进一步发展完善。

第四，文献评述。通过梳理国内外文献可以看出，现有大多数研究集中在绿色金融资源配置与碳排放关系的问题上，而鲜有绿色金融资源配置与碳达峰关系的研究。大部分研究仅分析了绿色信贷和绿色债券发展对碳排放的影响效果，对绿色保险、绿色投资、碳金融等绿色金融资源支持碳减排研究较少，视角较单一，研究对象有待丰富。随着多层次资本市场的发展，绿色投资和碳金融等方面逐渐取得进展，有必要将这些金融业务纳入绿色金融资源配置的环境影响研究视野。不仅如此，现有一些研究集中于减少碳排放的影响效应，较少将碳排放影响因素与碳达峰预测紧密联系起来，详细分析绿色金融资源配置对碳达峰的作用机理。基于对现有研究文献的梳理，我们拟通过建立绿色金融资源配置综合评价指标体系，探讨其对碳达峰的影响问题，提出更具针对性的政策建议。

二 绿色金融资源配置对碳达峰的影响和作用机制

（一）绿色金融资源配置对碳达峰的影响

绿色金融资源配置针对的是绿色生产项目，是一个筛选的过程，其对碳达峰的影响主要体现在对高污染、高排放、高能耗企业和绿色环保企业的区别对待上。由于绿色项目具有周期长、风险大、利润回收期长等特点，绿色企业面临融资难的问题，而绿色金融资源配置有效地解决了这个难题。企业通过绿色信贷等间接融资方式或绿色债券等直接融资方式获得资金，且设有专门的审批通道，无论是融资效率还是成功率都高于传统金融资源配置。将筹集的资金用于清洁技术的研发，提升生产效率，扩大生产规模，增加绿色产出，进而减少碳排放，助力碳达峰目标的实现。反之，在绿色金融资源配置的过程中，"两高"企业的贷款门槛提高，信贷额度降低，同时投资者会被引导选择低碳环保企业，资本市场的风向标得以建立。同时，为了助力双碳目标的尽快实现，环境规制会越发严格，"两高"企业的污染排放成本急剧上升。这也压缩了企业的生存空间，进而从源头控制了碳排放。

（二）绿色金融资源配置影响碳达峰的作用机制

第一，技术进步路径。技术进步路径是指绿色金融资源配置的优化，通过发挥外部激励约束和风险分散功能促进绿色技术的创新与发展，增加清洁产出，降低单位产出的能源消耗，能源利用效率得以提高，进而减少二氧化碳排放，助力碳达峰目标的实现。技术创新理论认为，提高产出的关键在于技术要素，技术创新是经济增长的动力，绿色技术创新让经济增长和环境保护不再站在对立面，直接影响我国的经济绿色转型效益，深刻阐释了绿色技术创新对减少碳排放目标实现的重大意义。在工业经济时代，传统的技术创新是一种以利润最大化为目标的市场产物，经济效益得到了暂时提高，但是高排放高能耗的生产模式严重危害了生态环境。为了经济社会的可持续发展，绿色技术逐渐受到人们的广泛关注，绿色技术致力于保护生态环境、节约能源，使生产活动对生态环境的损失降到最小。资源合理有效配置是技术进步的首要前提，从前期的技术研发到中期生产，再到后期推广营销，大量的资金投入必不可少。为解决资金难题，企业可以向银行申请绿色信贷，也可以发行绿色债券或绿色股票。此外，对于我国资源密集型的传统工业产业而言，技术创新动力不足和产能过剩严重制约其发展。绿色金融资源配置一方面引导资源要素从高污染高排放的低效部门流向节能环保、绿色低碳的高效部门，将社会闲散资金进行有效配置，加大清洁性部门投入，为绿色技术研发提供充足资金保障，解决绿色技术研发投入不足的问题；另一方面，针对碳排放权交易、排污权交易和水权交易等不同环境权益创新多样化的金融工具，极大拓宽融资渠道和资源配置来源，以此打破不同类型企业技术研发的资金瓶颈。

绿色金融资源配置是筛选节能减排、绿色环保项目的过程，具备"价格发现"和"信息披露"的功能。随着企业环境信息披露机制的健全与完善，ESG 评价指标也成为投资的重要考虑因素，是评价企业潜在成长能力的重要指标。对于直接融资来说，证券机构将会督促上市企业披露详细完整的环境信息，如碳排放和碳足迹信息。这也刺激企业重视绿色清洁技术的研发创新，推动生产模式向生态化方向发展，进一步吸纳更多资金。对于间接融资而言，商业银行根据不同的绿色产业设定差异化的审核标准，对企业进行绿色资质评估，进而发放绿色信贷。为了获取信贷资金，这将促使高排放高污染企业加大技术研发力度，加快企业生产绿色转型，发展清洁项目，增加清洁产出，减少给环境带来的负外部性。

产品的技术研发会面临诸多的不确定性，如研发初期资金投入巨大、研发团队不稳定、研发周期长及技术向产品转化过程中存在市场风险等。风险厌恶型投资者不愿意投资周期长且风险大的项目，而专注于高风险和高回报的技术导向型投资者在市场上无法找到满足其需求的投资产品，技术研发资金供需不匹配严重阻碍技术进步。绿色金融资源配置是采用多样化的创新金融工具，以低碳发展为前提，推动生态环境改善的模式。绿色金融体系日趋成熟，政府部门出台了大量政策保障其发展，同时也加快推进相关的基础设施建设。对于资金需求方而言，绿色金融资源配置将技术研发风险分散给众多投资者，利润共享、风险共担的运作模式提振企业绿色技术创新的信心，降低了企业经营压力。对于资金供给方而言，绿色债券和绿色股票等丰富的绿色金融产品不仅能够满足差异化的投资需求，还有利于提高投资效率、降低投资风险。

　　综上所述，首先，企业利用多样化的绿色金融产品，为绿色技术革新提供资金；其次，通过证券机构和银行督促企业披露环境信息，倒逼企业进行低碳技术创新；最后，利益共享、风险共担的理念使企业技术研发风险降低，提升了企业的创新积极性。节能环保材料的研发、新能源技术的创新发展等技术进步，一方面可以提高生产能力，增加清洁性部门产出，加快推进将技术效益转化为经济效益，最终实现低碳经济发展的最终目标；另一方面可以有效合理地利用资源，提高资源的使用效率，减少单位产出产生的能源消耗和二氧化碳排放，促进技术产品的优胜劣汰，降低对传统能源的依赖性，构建先进的生产关系，进而减少碳排放、助力碳达峰。技术进步路径如图1-1所示。

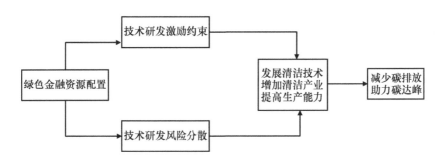

图1-1　技术进步路径

　　第二，产业结构生态化路径。这一路径是在政策示范引导和产业升级整合的作用下，降低含碳产业占比，形成绿色产业结构，减少碳排放量，助力碳达峰目标实现。首先，金融发展的绿色信号日益强烈，相关政策的制定和实施正在推动着产业结构变化。例如，实施绿色信贷政策，对高污染高排放企业的贷款审批更为严格、利率更高，促使企业加强对节能减排工作的重视程度，提升环保企业创新绿色技术的积极性，向市场传达出国家对于产业结构绿色转型的决心，增强投资者对绿色产业的投资热情，最终实现产业结构的升级转型。其次，产业整合以可持续发展为目标，绿色金融资源配置促使企业重新整合分配处于不同空间地域和行业的生产要素，以提高资金使用效率和劳动生产率，进而提升企业的竞争力，打造以大企业或者绿色产业为核心的大规模高效率的产业结构。高耗能高排放产业过于依赖化石燃料，在绿色金融资源配置的过程中，生态产品市场化交易和信贷激励约束等手段提高了资源配置效率，资金更多地流向了战略性新兴产业和高新技术产业，第三产业规模得以扩张，提高了环保产业的边际私人收益，同时"两高"企业的外部成本得以内部化。在绿色经济的发展理念下，"两高"产业得以继续生存的压力越来越大，发展面临的阻碍日益增多，而绿色金融资源配置能为发展绿色产业整合资金，将传统产业和绿色低碳技术充分融合，因此为了控制风险，企业选择发展"两低"产业，这种情况下"两高"落后产业被淘汰，高能耗行业比重降低，节能环保产业比重升高，发展极具前景的绿色产业，助力传统产业升级改造，促进产业结构升级优化，实现低碳排放发展。产业结构生态化路径参见图1-2。

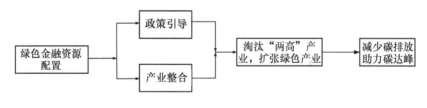

图1-2 产业结构生态化路径

第三，能源结构优化路径。绿色金融资源配置通过信号传导和金融市场调节的方式鼓励新能源企业生产，刺激高能耗高污染企业尽快转型，能源结构含碳量减少是碳达峰目标实现的重要前提。首先，信号传导效应。绿色政策显然具备明显的顶层设计特征，绿色政策信号可分为对可再生能源产业的激励信号和对依赖化石燃料生产产业的惩戒信号两种。对于激励信号的传导途径而言，银行等微观金融中介机构结合传统信贷融资和股权融资方式,对社会资金进行整合以刺激新能源核心技术的突破,进而优化能源结构。政府在宏观财政方面采取一定的措施,例如对风能和太阳能等可再生能源公司进行税收减免或电价补贴以降低企业研发成本,促进低碳产品的市场推广,减少对含碳能源的使用。一旦这些利好信号得到广泛的释放和传递,更多的新能源产业加入其中产生产业规模集聚效应,激励信号的正反馈循环便得到充分实现。对惩戒信号的传导途径来说,"两高"产业是实现"双碳"目标的关键所在。当前我国正在积极建立包括碳排放交易和排污权交易在内的多层次环境交易市场,创新型金融工具市场机制正在不断完善,这对高耗能高排放企业起到有效的外部规制作用。如果一个企业超过固定的污染排放配额,他将被迫在市场上向排放额度盈余的企业购买排放配额,这将对其他企业产生警示作用,倒逼他们开发减排产品,推动绿色生产模式的形成,从而降低能源结构中的含碳量。绿色金融资源配置通过这两种信号传导途径,将绿色低碳转型置于经济生产活动的中心,为生产、投资和消费决策提供基本框架,从而优化能源结构,提高能源使用效率。其次,金融市场调节效应。能源绿色升级与绿色金融资源配置的紧密结合将在实现碳达峰的进程中发挥关键作用,绿色金融资源配置将能源绿色革命和实现低碳经济联系起来,影响金融市场的企业和投资者,最终减少传统化石能源的使用,提高可再生能源和新能源的市场份额。当前,光伏、风电和氢能等清洁绿色能源发展受到单一融资模式的严重制约,中小微企业融资难度大,大型企业的项目资金需求无法得到满足。通过绿色金融资源的合理高效配置,生态资源转化成为可交易的无差别化商品,通过银行融资和私募股权融资等直接和间接融资方式,既丰富了投资者的绿色投资产品,又拓宽了新能源企业的融资渠道,有效解决了上述问题,从而鼓励清洁能源产品的研发,缩减传统化石能源企业的生产规模,降低能源结构中的含碳量,实现能源结构的优化升级,进而实现碳达峰目标。能源结构优化路径参见图 1-3。

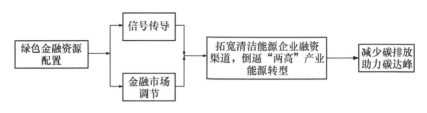

图 1-3 能源结构优化路径

综上所述，基于对绿色金融资源配置影响碳达峰的作用机制进行路径分析，绿色金融资源配置通过技术进步、产业结构生态化、能源结构优化等路径影响碳排放，进而助力碳达峰目标的实现。综合机制路径如图 1-4 所示。

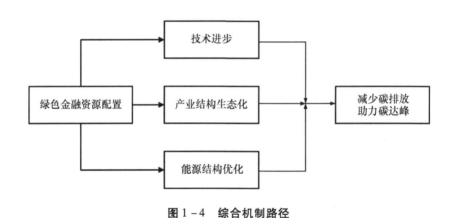

图 1-4 综合机制路径

三 绿色金融资源配置水平的评价、 特征与趋势

（一）绿色金融资源配置水平的评价指标体系构建

要综合评价绿色金融资源配置的情况，需要广泛整合尽可能多的信息，以使其充分反映绿色金融的服务范围以及实质内涵，同时也要注意省域数据的可得性，避免重合冗杂。在考虑上述原则的基础上，我们结

合中国绿色金融资源配置的实际情况和曾学文等(2014)的研究成果,从绿色信贷、绿色债券、绿色保险、绿色投资与碳金融五个角度建立起包含十一个二级指标的综合评价体系。参见表1-1。

表1-1   绿色金融资源配置水平的评价指标体系

一级指标	二级指标	二级指标定义	属性
绿色信贷	绿色信贷规模占比	绿色信贷余额/金融机构贷款余额	正向
	高耗能产业利息支出占比	六大高耗能工业产业利息支出/工业产业利息总支出	逆向
绿色债券	节能环保企业市值占比	环保企业总市值/A股总市值	正向
	高耗能行业企业市值占比	六大高耗能行业总市值/A股总市值	逆向
绿色保险	农业保险规模占比	农业保险支出/保险总支出	正向
	农业保险赔付率	农业保险支出/农业保险收入	正向
绿色投资	节能环保公共支出占比	节能环保产业财政支出/财政支出总额	正向
	城镇环境基础设施建设投资占比	城镇环境基础设施建设投资/GDP	正向
	污染治理项目本年完成投资占比	工业污染治理项目完成投资/GDP	正向
碳金融交易	清洁发展机制项目交易量占比	清洁发展机制项目数量/环保项目总数	正向
	碳排放贷款强度	本外币贷款余额/二氧化碳排放量	正向

表1-1中的各级指标的内涵及其数据来源如下。

绿色信贷。绿色信贷规模占比是正向指标,反映了银行业等金融机构对环保产业的支持力度,是绿色信贷余额在金融机构贷款中所占的份额。然而对于绿色信贷的区域数据,官方尚未公布,因此选取区域上市环保企业在银行的贷款与区域金融机构贷款余额的比值。高耗能产业利息支出占比从逆向对绿色信贷进行表示,因为利息支出占比能很好地反映贷款规模的变动,同时高耗能行业是绿色金融主要抑制的方向,选取该指标有很强的代表性,也较好地反映了银行对该行业融资的约束力度。上市环保企业绿色信贷余额数据来源于国泰安数据库，金融机构贷款余额来源于《中国金融年鉴》，高耗能产业利息支出及工业产业利息总支出数据来源于 Wind 数据库。

绿色债券。节能环保企业市值占比和高耗能企业市值占比这两个二级指标，从正反两个角度代表了企业在 A 股市场的融资能力如何。企业市值反映了企业的盈利能力，是投资者选取投资对象的重要考虑因素，所以具有很好的代表性。A 股市场相关企业数据通过 Wind 数据库分类汇总得到。

绿色保险。我国的环境责任险于 2013 年才开始推行且缺乏权威机构统计，地区数据获取难度大。而农业受自然环境影响较大，农业保险最接近绿色保险业务，能够很好地衡量环境污染责任保险。因此选取农业保险规模和赔付率衡量绿色保险发展水平，该指标数据均来源于《中国保险年鉴》。

绿色投资。节能环保公共支出占比、城镇环境基础设施建设投资占比、污染治理项目本年完成投资占比这三个二级指标，从社会治理角度代表绿色项目融资能力，该数据来源于《中国环境统计年鉴》。

碳金融。清洁发展机制项目交易量占比表示我国碳金融发展潜力。此外，李丽和董必俊（2018）使用碳排放贷款强度这一指标衡量碳金融，表示金融机构对碳金融的支持力度，间接反映碳金融市场的发展水平。清洁发展机制项目数量和环保项目总数的数据来源于中国清洁发展机制网，本外币贷款余额来源于《中国金融年鉴》，碳排放数据来源于《中国能源统计年鉴》。

（二）绿色金融资源配置水平的测算与结果分析

我们运用熵值法对我国 2010—2020 年 30 个省份（西藏以及港澳台地区除外）的省域绿色金融资源配置情况进行了评价，测算步骤如下。

第一，数据标准化。在表 1 建立的指标体系中，指标的影响作用区分正向逆向，因此需要对数据做标准化处理。

正向指标处理:

$$v_j\ (it)\ =\frac{x_j\ (it)\ -\min\ (x_j\ (it))}{\max\ (x_j\ (it))\ -\min\ (x_j\ (it))} \tag{1}$$

逆向指标处理:

$$v_j\ (it)\ =\frac{\max\ (x_j\ (it))\ -x_j\ (it)}{\max\ (x_j\ (it))\ -\min\ (x_j\ (it))} \tag{2}$$

其中, j 表示各指标, 取值为 $j=1$, 2, 3, …, 11; i 表示省份, 取值为 $i=1$, 2, 3, …, 30; t 表示时间, 取值为 $t=2010$, 2011, …, 2020; $v_j\ (it)$ 表示各指标标准化值; $x_j\ (it)$ 表示各指标初始值。

第二, 权重确定。

i 地区 j 指标的占比:

$$z_j\ (it)\ =\frac{v_j\ (it)}{\sum\limits_{i=1}^{n} v_j\ (it)} \tag{3}$$

i 地区 j 指标的熵值:

$$e_j\ =-\frac{\sum\limits_{i=1}^{n}\sum\limits_{t=1}^{T} z_j\ (it)\ln z_j\ (it)}{\ln nT} \tag{4}$$

i 地区 j 指标的权重:

$$W_j\ =\frac{1-e_j}{\sum\limits_{j=1}^{m}\ (1-e_j)} \tag{5}$$

其中, 规定当 $v_j\ (it)\ =0$ 时, $z_j\ (it)\ \ln z_j\ (it)\ =0$; m 为指标个数。经测算得到如表 1-2 所示的权重。

表 1-2　　　　　**绿色金融资源配置各指标熵值法权重计算结果**

一级指标	二级指标	权重
绿色信贷	绿色信贷规模占比	27.77%
	高耗能产业利息支出占比	12.14%
绿色债券	节能环保企业市值占比	13.13%
	高耗能行业企业市值占比	6.69%

续表

一级指标	二级指标	权重
绿色保险	农业保险规模占比	9.22%
	农业保险赔付率	4.79%
绿色投资	节能环保公共支出占比	1.48%
	城镇环境基础设施建设投资占比	2.85%
	污染治理项目本年完成投资占比	4.21%
碳金融交易	清洁发展机制项目交易量占比	11.23%
	碳排放贷款强度	6.49%

第三，各省份绿色金融资源配置水平计算。

综合评价函数为：

$$U_i = \sum_{i=1}^{n} W_i v_j(it) \tag{6}$$

测算结果如表 1-3 所示。

表 1-3　　　　　**各省份绿色金融资源配置指数**

省份	2010 年	2020 年	增长率	省份	2010 年	2020 年	增长率
北京	0.420	0.515	22.62%	河南	0.184	0.279	51.63%
天津	0.204	0.323	58.33%	湖北	0.161	0.232	44.10%
河北	0.141	0.325	130.50%	湖南	0.305	0.272	-10.82%
山西	0.177	0.272	53.67%	广东	0.187	0.265	41.71%
内蒙古	0.175	0.373	113.14%	广西	0.186	0.281	51.08%
辽宁	0.129	0.208	61.24%	海南	0.188	0.336	78.72%
吉林	0.223	0.218	-2.24%	重庆	0.211	0.260	23.22%
黑龙江	0.239	0.248	3.77%	四川	0.193	0.280	45.08%
上海	0.169	0.295	74.56%	贵州	0.213	0.277	30.05%
江苏	0.217	0.492	126.73%	云南	0.234	0.212	-9.40%
浙江	0.256	0.263	2.73%	陕西	0.207	0.269	29.95%

续表

省份	2010 年	2020 年	增长率	省份	2010 年	2020 年	增长率
安徽	0.180	0.300	66.67%	甘肃	0.192	0.236	22.92%
福建	0.198	0.251	26.77%	青海	0.095	0.241	153.68%
江西	0.191	0.232	21.47%	宁夏	0.177	0.245	38.42%
山东	0.216	0.250	15.74%	新疆	0.204	0.265	29.90%

注:限于篇幅,本表只列出了 2010 年与 2020 年的绿色金融资源配置指数。

(三)绿色金融资源配置的特征与趋势

第一,空间特征。测算结果显示,目前我国整体的绿色金融资源配置水平不高,省域绿色金融资源配置指数平均值在 0.3 以下,处在逐步探索的前期发展阶段。东部地区指数水平最高,中部次之,西部整体较低。绿色金融指数超过 0.3 的只有北京、上海、浙江和江苏四个省份,平均值分别为 0.439、0.378、0.353、0.314。总体来说,绿色金融资源配置水平与地区经济发展程度联系密切,在经济发达的地区,金融环境更有利于绿色金融资源配置的优化。除此之外,省市的经济发展模式和政策支持度也是造成差异的重要原因。西北地区的一些省市绿色金融资源配置指数提高,离不开近些年采取的退耕还林、水土流失治理等生态保护措施。

第二,时间趋势。从绿色金融资源配置指数变化的时间趋势上看,相比于 2010 年较低的绿色金融资源配置水平,随着经济社会的发展和相关政策的出台实施,到 2020 年已经处在一个相对较高的状态。另外,除了平均值(0.284)最高的 2020 年,紧接着就是 2013 年(0.276)和 2014 年(0.273)的绿色金融资源配置水平,这可能是由于在指标选取的角度下,相关指标表现较为突出。

四　我国的碳排放趋势及其地区差异

表 1 - 4 是我国 2010—2020 年 30 个省份(西藏以及港澳台地区除

外）能源消耗和碳排放的相关数据。能源消耗数据来源于《中国能源统计年鉴》，碳排放数据来源于中国碳核算数据库。

表1-4　　　2010—2020年中国碳排放、经济增长与能源消费

年份	实际GDP（亿元）	能源消费（万吨标准煤）	能源强度（吨标准煤/万元）	碳排放（亿吨二氧化碳）	人均碳排放（吨二氧化碳/人）	碳排放强度（吨二氧化碳/万元）
2010	348518	336126	0.964	81.53	6.17	2.34
2011	412119	360648	0.875	91.35	6.86	2.22
2012	487940	387043	0.793	102.76	7.65	2.11
2013	538580	402138	0.747	105.65	7.80	1.96
2014	592963	416913	0.703	112.44	8.26	1.90
2015	643563	428334	0.666	113.34	8.27	1.76
2016	688858	434113	0.630	111.81	8.12	1.62
2017	746395	441492	0.591	113.04	8.15	1.51
2018	832036	455827	0.548	115.53	8.29	1.39
2019	919281	471925	0.513	118.84	8.49	1.29
2020	986515	487488	0.494	122.90	8.75	1.25
平均增长率（%）	7.99	3.90	-6.23	4.61	3.96	-4.23

由表1-4中数据可以看出，2010—2020年中国的碳排放总量和人均二氧化碳排放大体上均呈增长态势，碳排放总量的平均增速约为4.61%，略高于人均二氧化碳排放量。根据我国现有产业结构和经济发展的特性，能源生产消费结构使我国在短期不可能达到低碳排放的状态。碳排放强度和能源强度逐年下降，万元产值碳排放强度平均下降率约为4.23%，万元产值能源强度平均下降率约为6.23%，随着国家治理体系的完善和技术进步，以及近些年国家对绿色经济和碳排放出台的导向政策，减少中国碳排放强度对于减排目标的实现是非常必要的。

中国经济增长，以及能源消费和碳排放增速变化如图1-5所示，

2010—2012 年实际 GDP、能源消费量、碳排放总量以及人均碳排放量增长速度较快,2013 年开始有所下降,到 2017 年又逐步回升,且四者之间增长趋势大致相同,自 2017 年起,中国碳排放量增长速度又开始有所加快。2012 年到 2013 年能源强度和碳排放强度下降态势明显,2013—2017 年能源强度下降速度较为稳定,2018 年到 2020 年能源强度下降速度放缓并开始回升。而碳排放强度变化速率较不稳定,在 2016 年我国碳排放强度下降速度达到最高峰。

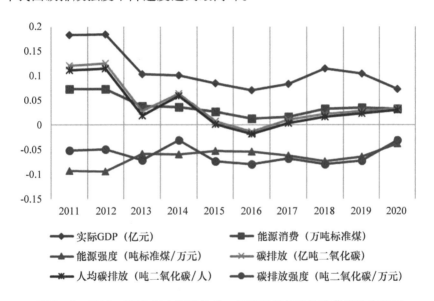

图 1-5 2010—2020 年中国碳排放、经济增长与能源消费增速变化图

2010 年、2015 年、2020 年 30 个省份(西藏以及港澳台地区除外)碳排放量如表 1-5 所示。2020 年,全国平均碳排放量为 40965.8 万吨,排名前三的省份是山西(170004.4 万吨)、山东(124470.5 万吨)、内蒙古(97278.73 万吨),排名第一的山西省碳排放量超过全国平均值的四倍。在这 30 个省份中,高于全国平均碳排放量的省份有 11个,超过三分之一。碳排放量与各省份消耗的能源种类和数量密切相关,排名前三的省份属于工业大省,"两高"产业占比大,而北京的碳排放量处于一个较低水平,因为它的能源结构中清洁能源占比较多。

表1-5 2010年、2015年与2020年各省份碳排放量

省份	2010年		2015年		2020年	
	碳排放量（万吨二氧化碳）	排名	碳排放量（万吨二氧化碳）	排名	碳排放量（万吨二氧化碳）	排名
北京	9226.2	28	8338.6	28	7061.181	28
天津	9270.3	27	13511.5	27	13771.73	26
河北	48198.0	3	63936.7	4	59343.03	7
山西	59375.4	2	147449.9	1	170004.4	1
内蒙古	43767.6	5	75380.0	3	97278.73	3
辽宁	43644.6	6	50237.1	8	62802.82	5
吉林	19051.8	17	21885.2	19	19776.54	21
黑龙江	23937.4	12	34780.5	13	34113.96	13
上海	14442.1	20	16164.7	25	15949.73	25
江苏	46205.3	4	63416.1	5	63658.2	4
浙江	33875.5	8	38150.1	11	41914.66	11
安徽	24046.4	11	39284.8	10	39896.25	12
福建	13701.8	21	23447.5	18	27597.34	17
江西	11547.4	24	17040.6	24	18617.71	22
山东	83150.2	1	105218.4	2	124470.5	2
河南	33097.0	9	53706.6	6	46399.83	10
湖北	21206.0	14	25287.7	16	28236.24	15
湖南	19819.5	15	25051.6	17	24206.18	19
广东	35693.9	7	49794.6	9	56898.04	8
广西	9572.9	26	17322.6	23	22659.18	20
海南	3558.4	29	6535.5	29	6609.667	29
重庆	11979.8	23	13919.3	26	12566.61	27
四川	23420.9	13	25358.4	15	27655.71	16

续表

省份	2010 年		2015 年		2020 年	
	碳排放量 （万吨二氧化碳）	排名	碳排放量 （万吨二氧化碳）	排名	碳排放量 （万吨二氧化碳）	排名
贵州	19537.4	16	32757.0	14	28923.56	14
云南	15048.6	19	17865.1	21	17211.3	24
陕西	27476.5	10	52936.3	7	61159.47	6
甘肃	12646.3	22	17657.5	22	18544.14	23
青海	3211.9	30	4405.1	30	4528.021	30
宁夏	10947.2	25	19337.8	20	25189.87	18
新疆	17921.8	18	37909.2	12	51930.52	9
平均值	24952.		37269.5		40965.8	

通过纵向对比各省份在 2010 年、2015 年、2020 年这三年的碳排放量，山东、山西、内蒙古、河北这四个省一直处于全国前列，碳减排的基数大、任务重，降低煤炭在整个能源消耗中的比例迫在眉睫，需采取措施促进清洁能源的开发利用，积极推动企业技术革新。此外，经济总量排在全国前列的北京、天津、上海这三个直辖市，碳排放量却处于中后位置，上海市的排名还在逐年降低。一方面是由于这些城市的产业结构中，第二、三产业占比大，有大量的高科技储备人才源源不断地推动技术的创新和进步，属于技术创新的核心区域。另一方面，这些城市较早地重视环境问题并开展节能减排工作。

五　绿色金融资源配置对碳达峰影响的实证研究

（一）模型设定

关于二氧化碳排放峰值的研究方法总结如表 1-6 所示。Dietz 和 Rosa 于 1994 年基于 IPAT 恒等式提出了 STIRPAT 模型，用来评估影响环境压力的驱动因素。该模型的延展性较强，能够在人口、经济发展、技术水平等技术因素的基础上纳入新的因素，由于我们重点研究绿色金融资源配置因素的影响，因此选取 STIRPAT 模型作为实证部分的主要方法。

表 1 - 6   二氧化碳排放峰值主要预测方法总结

预测方法	代表性文献	方法简要描述
EKC	林伯强等（2009）赵忠秀等（2013）	该模型假定碳排放与经济增长之间呈倒"U"型关系，对相关数据求参数后进行预测，"拐点值"即为二氧化碳排放峰值。
IPAT	杜强等（2012）朱宇恩等（2016）Li（2017）	该模型认为人口、经济发展和技术进步共同决定二氧化碳排放，对这三个因素的相关数据进行设置，在不同情景下预测二氧化碳排放峰值。
STIRPAT	渠慎宁（2010）王宪恩（2014）王勇等（2017）	该模型可对人口、财富、技术等因素的非线性变化进行分析，并且能够将更多影响二氧化碳排放的因素纳入分析，是对 IPAT 模型的修正。
LEAP	吴尧萍（2013）常征（2014）杨顺顺（2017）	该模型基于碳排放因子，利用不同情景下各部门的能源预测需求量来预测二氧化碳排放峰值。

第一，变量选取。

（1）被解释变量：各省份历年的碳排放量，记为 CO_2。数据均来源于中国碳核算数据库，碳排放系数和碳源数据来源于 IPCC。

（2）解释变量：绿色金融资源配置水平（GF），数据参考前文测算结果。

（3）控制变量：参考已有文献，选取人口规模（P）、经济发展（GDP）、能源强度（EI）、产业结构（IS）、城镇化率（URB）等作为控制变量，并对年度和省份进行控制。变量及其定义见表 1 - 7。

表 1 - 7   变量及其定义

变量类型	变量名称	变量符号	变量定义
被解释变量	二氧化碳排放量	CO_2	二氧化碳年度排放量（万吨）
解释变量	绿色金融资源配置水平	GF	熵值法得到

续表

变量类型	变量名称	变量符号	变量定义
控制变量	人口规模	P	人口数量（万人）
	经济发展	GDP	国内生产总值（亿元）
	能源强度	EI	能源消费总量占国内生产总值比重（%）
	产业结构	IS	第二产业增加值占国内生产总值比重（%）
	城镇化率	URB	城镇常住人口数/常住人口数
	年度/省份	Dummy	年度和省份的虚拟变量

第二，模型设定。STIRPAT 模型的基本形式为：

$$I = \alpha P^b A^c T^d e \qquad (7)$$

为消除异方差，将等式两边同时取对数得到：

$$\ln I = \alpha + b\ln P + c\ln A + d\ln T + e \qquad (8)$$

其中，I 表示环境影响，P 表示影响环境的人口因素，A 表示财富因素，T 表示技术因素，b、c、d 为影响环境各因素的弹性系数，α 为常数项，e 代表随机扰动项。

我们用 CO_2 排放量表示环境影响，出于对当期 CO_2 排放量可能会受到上一期 CO_2 排放量的影响，故引入滞后一期变量 $L.CO_2$，用人口规模（P）表示人口因素，用国内生产总值（GDP）表示财富因素，进一步引入绿色金融资源配置水平（GF）、能源强度（EI）、产业结构（IS）、城镇化率（URB）等。因此得到最终计量模型为：

$$\ln CO_{2it} = \alpha + \beta_0 \ln L.CO_{2it-1} + \beta_1 \ln GF_{it} + \beta_2 \ln P_{it} + \beta_3 \ln GDP_{it} +$$
$$\beta_4 \ln EI_{it} + \beta_5 \ln IS_{it} + \beta_6 \ln URB_{it} + \beta_7 Dummy_{it} + \varepsilon_{it} \qquad (9)$$

其中，角标 i 代表各省份，t 代表年份，α 为常数项，ε_{it} 代表随机扰动项。

（二）描述性统计

用 Stata 17.0 对 2010—2020 年主要变量样本进行描述性统计，结果见表 1-8。

表1-8 各变量描述性统计

变量	名称	最小值	最大值	平均值	标准差
CO_2	二氧化碳排放量	4127.961	155811.9	42975.43	30569.24
GF	绿色金融资源配置水平	0.0949	0.3877	0.2136	0.0482
P	人口规模	563	12623.61	4584.909	2822.768
GDP	经济发展	806.9447	63436.34	16355.57	13356.83
EI	能源结构	0.182	0.984	0.684	0.261
IS	产业结构	0.117	0.574	0.365	0.085
URB	城镇化率	0.2912	0.8961	0.5472	0.1321

由表1-8数据可知，2010—2020年全国二氧化碳排放量均值为42975.43万吨，GF代表各省绿色金融资源配置水平，数值越大意味着绿色金融资源配置水平越高，该指标平均值为0.2136，标准差为0.0482，由此可见各省份的绿色金融资源配置水平差异较大，需通过区域异质性分析做进一步研究。

（三）实证分析

第一，回归分析。在研究变量之间的因果关系时，有时候会出现一些自变量之间高度相关的情况，这种现象被称为多重共线性。本章对主要变量做了Pearson相关系数检验，发现各主要变量间相关系数均小于0.6，不存在严重的多重共线性问题，均可纳入回归模型。因此，基于前文构建的模型，使用固定效应模型对绿色金融资源配置水平与二氧化碳排放量的关系进行实证检验，结果参见表1-9。

表1-9结果表示，滞后一期的被解释变量$L.CO_2$的系数在1%水平上显著为正，意味着上一期二氧化碳排放量每增加1个单位，下一期二氧化碳排放量则会增加0.459个单位。这也提示我们为了对下一期的碳排放量进行控制，需根据当期碳排放量实施有效的计划措施，充分体现了我国提出"双碳"目标的必要性和前瞻性。绿色金融资源配置水

平 *GF* 的系数在 1% 水平下显著为负，由此可知绿色金融资源配置总体上减少了二氧化碳的排放，且绿色金融资源配置水平每增加 1%，二氧化碳排放量会降低 0.237%，可能的原因在于，在绿色金融资源配置的过程中，拓宽了环保企业的融资渠道，降低其借贷利率，甚至会根据项目获得财政补贴，这样资金就被引导至环保企业。相比之下，"两高"企业环境污染成本升高，如果获得信贷支持的难度上升，很有可能被市场淘汰，或者倒逼其加快绿色转型，降低能源消耗，二氧化碳排放量因此减少。

表 1-9　　绿色金融资源配置水平与二氧化碳排放量实证检验结果

模型	固定效应模型	
变量	系数	T
$\ln L.\,CO_2$	0.459 ***	(7.54)
$\ln GF$	-0.237 ***	(-2.62)
$\ln P$	0.7824 ***	(4.93)
$\ln GDP$	0.4940 *	(24.18)
$\ln EI$	1.1964 ***	(5.73)
$\ln IS$	-0.0037 *	(-3.09)
$\ln URB$	-0.6858 ***	(-0.89)
省份	控制	
年度	控制	
N	330	
R^2	0.385	

注：*、** 和 *** 分别表示 10%、5%、1% 的显著性水平。

从控制变量对碳排放的影响看，一是人口规模和经济规模的扩大，导致二氧化碳排放增加。作为人口大国，面对经济发展和环境保护双重压力，探索绿色发展和高质量发展道路是中国摆脱发展困境的最佳选择。二是产业结构和能源强度的变化对碳排放有着直接的影响。产业结

构的系数为 -0.0037,虽然较小但显著,说明第二产业增加值与碳排放成反比关系。传统的第二产业对能源有着强烈的依赖性,但是随着技术进步,如绿色技术的出现,第二产业的生产方式有了一定程度的转变,碳排放已经有所减少。尽管如此,产业结构升级仍是大势所趋。能源强度的系数为 1.1964,表明增加化石能源消耗将导致碳排放增加,探索清洁能源和可再生能源已迫在眉睫。三是城镇化率(URB)的回归系数较高,在 1% 的水平下显著为负,表示城镇化率的提高加快了现代化进程,技术的进步使碳排放量减少。因此,回归分析后得到 STIRPAT 模型为:

$$
\begin{aligned}
\ln CO_{2it} = & -37.23 + 0.459\ln L.\,CO_{2it-1} - 0.237\ln GF_{it} + \\
& 0.782\ln P_{it} + 0.494\ln GDP_{it} + 1.196\ln EI_{it} - \\
& 0.0037\ln IS_{it} - 0.686\ln URB_{it}
\end{aligned} \tag{10}
$$

2010—2020 年我国实际碳排放量与模型拟合结果见图 1 - 6,除 2019 年的拟合结果误差绝对值大于 10% 外,其他年份拟合结果误差绝对值均在 10% 以内,与同类的研究相比误差较小,在可接受范围内。

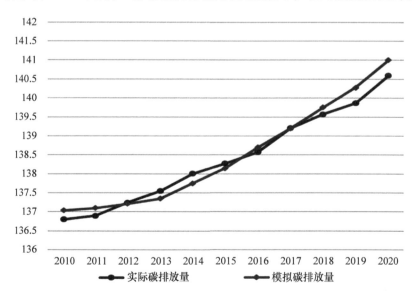

图 1 - 6 我国 2010—2020 年实际碳排放与 STIRPAT 模型模拟碳排放

第二，绿色金融资源配置与碳排放的区域异质性。基于对地区经济水平差异的考虑，借鉴何枫等（2016）学者的研究，我们按照国家"七五"计划提出的"东、中、西"三大经济带进行划分，对不同省域的环境问题进行横向对比。

表1－10显示，中西部地区绿色金融资源配置水平系数显著为负，而东部地区绿色金融资源配置水平系数不显著，这说明中西部地区的绿色金融资源配置水平对减少二氧化碳排放量是有效的，东部地区绿色金融资源配置对碳减排的效果并不显著。从系数的绝对值来看，相比于西部地区，中部地区绿色金融资源配置对碳减排的促进效果更好。可能是由于东部地区经济、技术发展水平较高，技术因素对碳减排的积极贡献更大，而中西部地区随着城镇化的提升，居民生活水平日益提高，对环境质量的要求也随之变高，但是由于地区工业化水平受制于技术因素，程度仍比较低，这时绿色金融手段促进碳减排的效果更强。此外，因为中西部地区产业结构落后，通过绿色金融资源的合理高效配置，能极大地促进产业结构优化调整，这也为中西部地区绿色金融资源配置促进碳减排的效果更显著提供了解释。

表1－10　　各经济带绿色金融资源配置水平与二氧化碳排放量实证检验结果

模型	固定效应模型					
	东部地区		中部地区		西部地区	
变量	系数	T	系数	T	系数	T
$\ln L. CO_2$	0.465***	(3.40)	0.311***	(3.56)	0.435***	(4.51)
$\ln GF$	−0.0528	（−0.40）	−0.563***	（−3.95）	−0.365*	（−2.05）
控制变量	控制		控制		控制	
省份	控制		控制		控制	
年份	控制		控制		控制	
N	132		121		77	
R^2	0.437		0.416		0.432	

注：*、**和***分别表示10%、5%、1%的显著性水平。

（四）稳健性检验

为避免估计偏误，我们使用最小二乘虚拟变量回归法（LSDV）和双向固定效应模型再次对绿色金融资源配置水平与二氧化碳排放量关系进行检验，结果见表1-11。

表1-11　　　　　　　LSDV和双向固定效应模型的检验结果

模型	LSDV		双向固定效应模型	
变量	系数	T	系数	T
$\ln L.\ CO_2$	0.449 ***	(7.1)	0.251 ***	(5.38)
$\ln GF$	-0.237 **	(-2.54)	-0.208 **	(-2.62)
控制变量	控制		控制	
省份	控制		控制	
年份	控制		控制	
N	330		330	
R^2	0.93		0.559	

注：*、**和***分别表示10%、5%、1%的显著性水平。

表1-11表明，无论采取LSDV方法还是双向固定效应模型，绿色金融资源配置水平系数均在5%的水平下显著为负，并且绿色金融资源配置水平每增加1个单位，二氧化碳排放量会随之下降大约0.2个单位。这证实了绿色金融资源配置的确能减少碳排放量，研究结论稳健。

进一步，我们将被解释变量由碳排放总量更换为碳排放强度，对绿色金融资源配置水平与碳排放强度的关系进行检验，结果见表1-12，研究结论稳健。

（五）碳达峰预测

基于以上分析，根据每个变量对碳排放的影响，将采用情景分析法设置情景参数来预测我国碳排放情况，从而确定碳达峰时间和峰值。

表 1 - 12　　　　　稳健性检验（以碳排放强度衡量二氧化碳排放）

模型	固定效应模型	
变量	系数	T
$\ln L. CO_2$	0.9514 ***	(13.94)
$\ln GF$	- 0.1304 **	(- 0.084)
$\ln P$	0.0561 ***	(3.49)
$\ln GDP$	0.0291 *	(0.29)
$\ln EI$	0.0185 ***	(0.62)
$\ln IS$	- 0.143 *	(- 1.61)
$\ln URB$	- 0.0352 ***	(- 1.42)
省份	控制	
年度	控制	
N	330	
R^2	0.298	

注：*、** 和 *** 分别表示10%、5%、1%的显著性水平。

第一，情景参数设定。我们以 2020 年数据为基期，预测年份为 2023—2035 年。根据中国的相关政策文件和各参数的历史变化，设定符合我国经济发展的情景。根据丁仲礼（2021）的观点，情景模拟设定时，碳排放增长率逐年下降至零后转为负值的变化是更接近实际情况的，即 2023—2035 年预测碳排放量增长率应逐年降低，直至为零即到达峰值。在此基础上，设定各指标的预测值变化趋势，尽可能构建丰富的未来场景使预测结果更全面可靠，由此形成三种情景模式，分别为低减排情景模式（低标准的低碳模式，对应正向指标的低速率增长）、基准情景模式（依据历史惯性发展，无更多降碳措施）和高减排情景模式（高标准的低碳模式，对应正向指标的高速率增长）。鉴于此，根据前文对碳排放影响因素的相关分析，选择绿色金融资源配置水平、人口规模、经济发展、城镇化水平、产业结构和能源强度作为情景设定的预测指标。

（1）绿色金融资源配置水平增长率 g：根据计算，近十多年来

（2010—2020 年）绿色金融资源配置水平平均增速为 5.63%，将该项指标设置为中增速，低减排情景与高减排情景在基准情景的基础上分别上下浮动 0.5%。

（2）人口增长率 p：截至 2021 年底，中国统计总人口为 14.126 亿，我国在 2016—2030 年人口规划中预测中国总人口将在 2030 年前后达到峰值 14.5 亿。根据马建堂等（2022）对 171 个国家的人口演变分析，我国在 2023 年将达到人口峰值，之后缓慢下降，2035 年降为 13.65 亿人，比人口规划预测的要早，以此确定高减排情景的人口变化，基准情景的人口变化在此基础上上浮 2.5‰。

（3）GDP 增长率 r：十三届全国人大五次会议中将 2022 年国内生产总值增速设定为 5.5% 左右。第二个百年目标中也明确指出到 2035 年人均 GDP 比 2019 年翻一番，2019 年人均 GDP 为 70328 元，预测 2030 年人均 GDP 约为 2019 年的 1.7 倍，依据人口变化趋势可得 2030 年基准情景 GDP 预测值约达 169.65 万亿元，低减排情景与高减排情景 GDP 预测值分别约达 171.25 万亿元、167.38 万亿元。

（4）城镇化增长率 c：2021 年我国城镇化率为 64.7%，同比增长了 0.9%。2016—2030 年人口发展规划中指出 2030 年常住人口城镇化率约为 70%，以此确定基准情景城镇化率变化趋势。参照何晓博（2019）的研究，低减排情景与高减排情景在基准情景的基础上分别上下浮动 0.3%。

（5）第二产业占比增长率 i：2020 年末的第二产业占比为 37.8%，同比下降了 2.07%。遵循经济发展和产业结构优化的规律，第二产业占 GDP 比重会趋于下降。尹伟华（2021）预测我国第二产业占比到 2025 年降至 35.5%，Han 等（2017）预测 2030 年该值降至 32.5%，以此设定基准情景的第二产业占比变化，低减排情景与高减排情景在基准情景的基础上分别上下浮动 0.25%。

（6）能源强度增长率 e：2020 年我国能源强度约为 0.495 吨/万元，相比于 2019 年下降了 1.12%。十四五规划中指出 2025 年能源强度相

比于 2020 年应降低 13.5%，2030 年能源强度约为 0.385 吨/万元。Sun
等（2019）人研究认为我国 2016—2040 年的能源强度增长率不快于 -
5.56% 且下降趋势逐渐变缓，所以设定高减排情境、基准情景和低减排
情景下的能源强度增长率分别不快于 -5%、-3.75% 和 -2.5%。低减
排情景与高减排情景在基准情景的基础上分别上下浮动 0.3%。

上述预测值参见表 1-13。

表 1-13　　　　2023—2035 年情景参数年均增长率预测值（%）

情景设定	变量	2023	2024	2025	2026	2027	2028	2029	2030	2031	2032	2033	3034	2035
低减排情景	g	5.13	5.03	5.03	4.93	4.93	4.83	4.83	4.73	4.73	4.63	4.63	4.53	4.53
	p	0.66	0.52	0.39	0.24	0.14	-0.06	-0.16	-0.18	-0.24	-0.31	-0.37	-0.41	-0.48
	r	5.30	5.10	4.60	4.60	4.20	4.20	3.80	3.80	3.40	3.40	3.00	3.00	2.60
	c	1.40	1.20	1.20	1.20	1.10	1.10	1.10	1.00	1.00	1.00	0.90	0.90	0.90
	i	-2.25	-2.25	-2.45	-2.05	-1.65	-1.55	-1.35	-1.25	-1.05	-0.95	-0.75	-0.65	-0.45
	e	-1.75	-1.45	-1.25	-1.05	-0.95	-0.75	-0.55	-0.35	-0.25	-0.20	-0.155	-0.105	-0.05
基准情景	g	5.63	5.53	5.53	5.43	5.43	5.33	5.33	5.23	5.23	5.13	5.13	5.03	5.03
	p	0.57	0.43	0.30	0.15	0.05	-0.15	-0.25	-0.25	-0.35	-0.35	-0.45	-0.45	-0.55
	r	5.10	4.80	4.60	4.40	4.20	4.20	3.80	3.80	3.60	3.60	3.20	3.20	3.0
	c	1.10	0.90	0.90	0.90	0.80	0.80	0.80	0.70	0.70	0.70	0.60	0.60	0.60
	i	-2.50	-2.50	-2.70	-2.30	-1.90	-1.80	-1.60	-1.50	-1.30	-1.20	-1.00	-0.80	-0.70
	e	-3.00	-2.70	-2.50	-2.30	-2.20	-2.00	-1.80	-1.60	-1.40	-1.30	-1.10	-1.0	-0.90
高减排情景	g	6.13	6.03	6.03	5.93	5.93	5.83	5.83	5.73	5.73	5.63	5.63	5.53	5.53
	p	0.32	0.18	0.05	-0.10	-0.20	-0.40	-0.50	-0.50	-0.60	-0.80	-0.90	-1.00	-1.20
	r	5.00	4.50	4.50	4.50	4.00	4.00	3.70	3.70	3.50	3.50	3.40	3.35	3.25
	c	0.80	0.60	0.60	0.60	0.50	0.50	0.50	0.40	0.40	0.30	0.30	0.30	
	i	-2.75	-2.75	-2.95	-2.55	-2.15	-2.05	-1.85	-1.75	-1.55	-1.45	-1.35	-1.15	-1.05
	e	-2.75	-2.75	-2.95	-2.55	-2.15	-2.05	-1.85	-1.75	-1.55	-1.40	1.25	-1.20	

第二，碳达峰预测分析。基于以上三种情景六个变量的参数设置，
结合回归方程式 10，得出的三种情景下我国在 2023—2035 年碳排放
量。为了更好地看到绿色金融资源配置对碳排放的峰值年份和峰值量的

影响，在回归方程式 10 中将绿色金融资源配置水平变量的系数取零，得出在原回归下和在去除 *GF* 后的结果如表 1 – 14。

表 1 – 14　　　　　三种情景下我国碳排放预测值（万吨）

年份	原回归下			去除 *GF* 下		
	低减排	基准	高减排	低减排	基准	高减排
2023	1107512.64	1105386.47	1100000.75	1111348.29	1109951.44	1107895.37
2024	1112395.44	1108066.19	1098982.17	1113982.71	1111074.55	1109104.99
2025	1113729.19	1107612.31	1095126.32	1115616.05	1112920.51	1112759.71
2026	1115927.05	1107736.56	1092128.63	1119749.93	1115588.72	1110045.16
2027	1118646.96	1108656.43	1089508.27	1121881.81	1117831.77	1107173.85
2028	1119776.33	1107992.72	1085335.23	1124517.69	1118905.82	1102054.62
2029	1120361.57	1106789.33	1080784.38	1126151.57	1119678.66	1100830.91
2030	1120247.32	1105520.91	1076184.68	1128285.45	1120265.14	1096368.74
2031	1118133.07	1104987.36	1073822.73	1131419.33	1119898.58	1094815.58
2032	1117018.82	1103226.23	1071370.55	1132764.58	1117685.82	1090076.53
2033	1115904.57	1101465.89	1069918.41	1134056.43	1116203.13	1079517.65
2034	1115290.32	1099704.32	1066466.24	1132348.28	1113560.48	1074219.67
2035	1114676.07	1097942.75	1063014.07	1130640.13	1110917.83	1071921.69

将表 1 – 14 中不同场景参数的预测结果带入回归方程式 10，得到 2023—2035 年我国碳排放的预测值，见图 1 – 7。

从图 1 – 7 中可以看出，三种情景下中国碳排放的趋势都是平稳下降趋势，说明无论在何种发展情景下，未来近 10 年，我国碳排放量必将达到峰值，区别在于达峰时间的不同，结果见表 1 – 15。

在表 1 – 15 原回归下的结果中可以看到，绿色金融资源配置水平的提高会促进碳达峰提前，降低碳峰值。基准情景模式下碳达峰于 2027 年以峰值量 1108656.43 万吨实现；低减排情景模式下碳达峰推迟两年实现，峰值为 1120361.57 万吨；在高减排情景模式下，碳达峰时间提前到 2023 年，相比于低减排情景模式提前 6 年左右，碳排放峰值为 1100000.75 万吨。

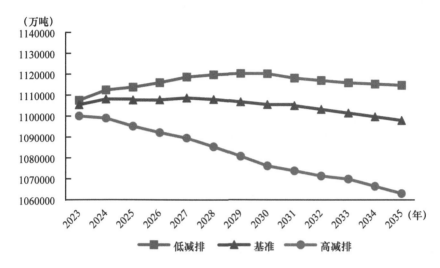

图 1-7　原回归下我国碳排放量预测走势图

表 1-15　　　　　我国碳达峰在三种情景下出现的时间和大小

情景模式	原回归下		去除 GF 下	
	峰值时间（年）	碳峰值（万吨）	峰值时间（年）	碳峰值（万吨）
低减排情景	2029	1120361.57	2033	1134056.43
基准情景	2027	1108656.43	2030	1120265.14
高减排情景	2023	1100000.75	2025	1112759.71

再具体看去除绿色金融资源配置水平后的结果，由图 1-8 可以看出，去除绿色金融资源配置水平后，碳排放在三种情景模式下达峰年份均有推迟，达峰年份分别为 2033 年、2030 年和 2025 年，相应的峰值量均有所增加，分别为 1134056.43 万吨、1120265.14 万吨和 1112759.71 万吨，说明了绿色金融资源配置水平的提升有助于我国碳排放尽早达到峰值。

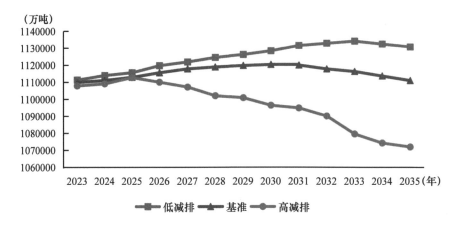

图1-8 去除绿色金融资源配置水平（GF）下我国碳排放量预测走势图

将结果进行横向对比发现，在基准情景模式下，绿色金融资源配置因素使碳排放达峰年份由2030年提前到2027年，碳排放峰值量由1120265.14万吨减少到1108656.43万吨；在低减排情景模式下，绿色金融资源配置使碳排放达峰年份提前4年，由2033年变化到2029年，峰值由1134056.43万吨减少到1120361.57万吨；在高减排情景模式下，碳排放达峰时间由2025年提前到2023年，峰值由1112759.71万吨降为1100000.75万吨。因此绿色金融资源配置有助于促进碳达峰尽快实现，同时有利于减少碳达峰时期的碳排放量。三种情景模式下，绿色金融资源配置的加入促进碳达峰年份分别提前了3年、4年、2年，峰值量也分别减少了11608.71万吨、13694.86万吨和12758.96万吨。

纵向对比研究结果可知，在原回归下的低减排情景模式中，碳达峰时间比基准情景晚2年，峰值碳排放量比基准情景多11705.14万吨；高减排情景模式比基准情景模式早4年，峰值碳排放量减少8655.68万吨；在去除绿色金融资源配置水平下的低减排情景模式中，达峰年份比基准情景模式晚3年，达峰时的碳排放量比基准情景模式多13791.29万吨；高减排情景模式达峰时间比比基准情景模式早5年，比低减排情景模式早8年，对应的碳排放量比基准情景模式减少7505.43万吨，比低减排情景模式减少 21296.72 万吨。绿色金融资源配置水平的提高促使三种情景下的碳排放均能在 2030 年前实现达峰，尤其在高减排情景模式下，人口减少、经济水平高质量发展、产业结构完善、城镇化水平提高、能源强度下降，这时绿色金融资源配置水平的提高促使碳排放在 2023 年前就可以实现达峰目标。但由于目前我国的绿色金融发展仍在探索期，绿色金融资源配置有待进一步优化，加之过去 2021、2022 年时间的疫情冲击，全球经济的不确定性上升，不稳定因素增加，在基准情景模式的基础上通过国家体制机制的逐步完善调整，给予绿色金融发展和资源配置优化更多的政策支持，引导绿色金融资源合理高效地配置，给予绿色产业更多资金支持，加强绿色金融基础设施服务建设，以此促进绿色金融资源配置水平的提高，从而有望提前实现 2030 年碳排放达峰的目标。

六 研究结论与政策建议

（一）研究结论

当前我国绿色金融发展不断推进，资源配置不断优化，对我国经济结构转型、促进节能减排具有重要意义。为了探究绿色金融资源配置对我国碳达峰出现的年份以及碳排放峰值，并提出相关科学有效的建议，我们选取中国省域 2010—2020 年度相关数据，将绿色金融资源配置纳入 STIRPAT 拓展模型进行回归分析，探索绿色金融资源配置因素对我国碳排放的影响程度。随后研究了绿色金融资源配置与碳排放的区域异质性并进行稳健性检验。基于相关政策，我们利用情景分析法建立了中国 2023—2035 年的发展情景，对基准情景、低减排情景和高减排情景三种不同情景模式下各变量参数的变化趋势进行设定，结合回归方程计算出 2023—2035 年我国碳达峰的时间拐点和峰值大小，特别分析绿色金融资源配置对碳达峰的影响程度。本章研究得到的结论如下。

第一，运用 STIRPAT 模型回归分析发现，总体而言，绿色金融资源配置与碳排放呈负相关，即绿色金融资源配置减少了二氧化碳排放量，改善了环境质量，进而降低了碳排放峰值，碳达峰时间提前。

第二，经过对中国碳排放其他影响因素的分析发现，人口规模、GDP、能源强度对碳排放有促进作用，而产业结构和城镇化率对我国碳排放有抑制作用。

第三，分区域对绿色金融资源配置影响碳排放进行横向对比，发现绿色金融资源配置在中西部地区可有效促进碳减排，进而推动碳达峰目标的实现，而东部地区绿色金融资源配置并未对减少碳排放发挥显著作用，并且基于系数绝对值分析发现，相比于西部地区，中部地区绿色金融资源配置对碳减排的促进效果更好。

第四，基于 STIRPAT 模型，通过设置三种情景模式预测中国碳达峰的结果表明，三种情景下中国碳排放的趋势都是先上升后下降，说明无论在何种发展情景下，未来近 10 年，我国碳排放量必将达到峰值，区别在于达峰时间的不同。

第五，我们分别利用原回归和去除绿色金融资源配置水平两种情况进行讨论分析，进而明显看到绿色金融资源配置对碳达峰的影响。原回归结果表明，绿色金融资源配置会促进碳排放达峰，基准情景模式下促使碳排放以数值 1108656.43 万吨在 2027 年前后达峰；低减排情景模式下，碳排放将以数值 1120361.57 万吨在 2029 年前后实现达峰；高减排情景模式下，碳排放峰值年份进一步提前到 2023 年，与低减排情景模式相比碳达峰时间提前 6 年左右，峰值为 1100000.75 万吨。去除绿色金融资源配置后的结果显示，三种情景模式下的碳达峰年份均有推迟，达峰年份依次为 2033 年、2030 年和 2025 年，相应的峰值量均有所增加，分别为 1134056.43 万吨、1120265.14 万吨和 1112759.71 万吨，表明绿色金融资源配置水平的提升有助于我国碳排放尽早达到峰值。

（二）政策建议

第一，建立健全绿色金融政策支持体系，完善绿色金融资源配置及配套服务设施。一是进一步完善绿色金融的法律法规框架和政策。明确绿色金融发展的主要目标、基本原则和保障措施等，为各机构进行政策联动提供操作指南，以便落实激励约束机制，稳定市场预期。在制定和修改其他相关领域的法律法规时，适时融入绿色发展要求以更好地体现绿色金融原则。完善、修订和整合现有政策规章，在实施绿色金融资源配置的过程中将其作为实施细则和配套政策，为企业和金融机构提供监管指导。二是健全绿色金融资源配置的激励约束机制。理顺绿色金融的财税支持机制，在环境治理、低碳排放、节能环保等方面采取税收优惠、贷款贴息等手段，加大对绿色清洁项目和产业低碳转型的支持力度，促进企业低碳转型和金融机构的绿色投资。健全绿色金融业务的风险补偿机制，设定适当的补偿条件和补偿比例，促进绿色金融产品创新，提高金融机构对绿色金融内生性发展动力的认识。三是加强环境信息披露。在明确披露标准的前提下逐步完善相关信息披露要求和 ESG 相关金融资产的绩效评估，定期披露绿色项目的碳足迹和减排信息。设立非财务信息共享平台，上传企业信用数据、污染处罚信息、绿色项目的可行性研究报告等内容。四是发展绿色金融中介机构，如产品认证机构、信用评级机构、风险评估机构等，并规范其运作和管理，以便提供更为优质高效的绿色金融服务。

第二，构建全面的绿色金融资源配置体系，大力创新开发绿色金融产品。一是建立统一完备的绿色金融资源配置标准体系。这不仅有利于明确绿色政策支持的目标对象，提高对低碳环保项目提供资金支持的准确性，防止洗绿行为的发生，提升政府监管效能；而且能够促进全球绿色金融资源配置的交流合作，完善绿色金融离岸中心建设，提升国际对中国标准的认可度，降低投资风险。二是构建统一的碳排放核算体系。碳排放核算结果得到规范，有助于实现碳信息的公开透明，加快中国融入全球碳市场的步伐。三是创新开发绿色金融产品业务。基于不同绿色金融产品的特有优势，结合当地的产业经济结构，积极开发有针对性的优质产品，满足市场各种需求。同时搭建产品联通互动平台，开发个性化的、丰富的金融产品，提高企业节能减排的积极性以促进经济转型。在绿色金融服务提供的过程中，根据各产业具体的融资需求将绿色金融产品和融资租赁、保理等其他金融产品充分结合，提高绿色金融资源配置的综合服务能力。

第三，创新技术研发，重构能源体系，促进产业结构转型升级。一是创新技术研发，走创新驱动发展道路。改良现有工艺，加大节能设备的技术投入与转化，尽可能降低能源损耗和排污成本，政府需针对金融机构支持绿色技术开发应用给予积极鼓励，减少融资限制。二是重构能源体系，提高能源使用效率。严格控制煤炭等化石能源的消耗总量，提高非化石能源消费率，从能源消费源头控制碳排放量，优化能源消费结构，推动清洁生产。因地制宜发展清洁能源，最大限度地发挥能源集约利用潜力，提高循环利用技术和低碳生产技术，进一步提高能源利用效率、减少能源浪费，在能源供应与消费过程中均实现节能减排。三是促进产业结构绿色化、节能化转型升级，引导重点行业进行清洁低碳改造，提升其品牌质量和产业发展水平。对不同行业实行差异化减碳行动，在"两高"产业开展减污降碳协同治理。形成绿色低碳的新业态和新模式，构建以战略性新兴产业为主导的现代产业体系。

第四，提高人口质量，积极推进城镇化建设，实现区域间协调发展。一是提高人口质量。人口作为影响碳排放的重要驱动力，提高人口质量有利于促进社会技术进步、减少能源消耗、降低碳排放。大力倡导低碳生活方式，加强环保理念宣传，提高居民环保意识，鼓励居民使用公共交通，推广使用电动汽车等低碳交通工具，加快建设绿色节能建筑。二是积极推进城镇化建设。根据实证检验结果，推进城镇化有助于促进碳减排，同时事实证明，新型城镇化试点政策的实施有效降低了碳排放量，因此推广低碳城市发展理念、加快推进新型城镇化战略、提升城镇化发展质量是非常有必要的。三是结合各省份实际情况，实现各地区协调发展。区域经济发展水平和经济产业结构不同，绿色金融资源配置对碳达峰的影响效果也不同。在长江三角洲、珠江三角洲一带的东部发达地区，经济基础和环境保护基础较好，绿色金融体制机制相对完善，因而绿色金融资源配置对碳减排的效果并不显著。而中西部地区经济基础相对薄弱，经济结构和技术水平落后，金融发展不充分，因此积极优化绿色金融资源配置对于产业结构升级、促进清洁绿色产业发展有较为显著的影响。因此，我国政府要加大中西部地区绿色金融发展的政策支持力度，充分利用区域要素禀赋，优势互补，加速改善环境质量，打造新的经济增长极。

第二章 碳排放权交易有利于企业 投资效率的提升吗？

——以深圳碳排放权交易市场为例

内容提要：碳排放权是一种稀缺的经济资源，是绿色金融体系的组成部分。碳排放权交易在推动碳排放总量降低、促进碳排放强度降低及推进低碳社会建设等方面取得积极效果的同时，是否会对微观主体的行为及其结果产生影响？我们利用准自然实验数据和结果，从我国最早设立的试点——深圳碳排放权交易市场为切入，选取2010—2021年A股上市企业财务数据为样本，研究企业参与碳排放权交易前后投资效率的变化，并进一步分析碳排放权交易对企业投资效率的提高是否具有企业产权和规模上的异质性。根据研究结论，我们从健全碳排放权市场的分配与交易规则等四个方面提出针对性政策建议。我们的研究力图丰富碳排放权交易相关领域的研究，为波特假说提供经验证据，也为全国统一碳市场的后续发展提供借鉴。

关键词：碳排放权交易；企业；投资效率；影响

2013年6月18日，我国成立了发展中国家首个碳排放权交易试点机构——深圳碳排放权交易所，从此，中国的环境治理工作正式导入了碳排放权交易机制。随后，国家又相继建立其他试点，推出多项政策鼓励和推动企业参与碳排放权交易来减少碳排放。2021年7月16日，全国统一碳排放权交易市场成立并开始运营。

碳排放权交易市场可以对碳排放负外部性进行调节，企业通过参与碳排放权交易，不仅能够减少碳排放量，还可以对其自身的价值和财务产生良好影响。沈洪涛等（2019）认为，参与碳排放权交易之后，能够提高企业短期价值；周畅等（2020）认为碳排放权交易能够提升企业价值和企业财务绩效，还能提高企业的营业外收入。此外，碳排放权买卖与融资还能改善公司财务状况与现金流（Oestreich & Tsiakas, 2015；Abrell & Weigt, 2008），最终带来企业福利水平的提高。现阶段，对碳排放权交易影响微观企业的研究较少发展到企业投资效率角度。基于此，我们以在深圳碳排放权交易所参与试点的且在 A 股上市的深圳企业为研究对象，通过理论和实证研究相结合，进一步探究企业参与碳排放权交易后投资效率的变化，以期对我国碳排放权交易试点工作进行一定的经验总结，对碳排放权交易体系进行评价，同时也为全国碳排放权交易市场的后续建设提供理论支撑。微观上力求改善企业投资效率，为促进企业发展提供经验和建议。

本文的边际贡献，一是在研究对象方面，我们从深圳试点地区着手，探究具体碳市场对企业行为的影响，探讨碳排放权交易市场这一环境规制和企业投资效率的关系，并从深圳碳市场这一国内最活跃的碳市场入手，分析企业参与碳排放权交易前后投资效率的变化，将微观企业与绿色经济交叉结合。二是在研究视角方面，尝试考察碳市场对上市企业的投资效率的影响结果，并通过量化为投资效率的方法来呈现结果。三是在研究内容方面，除了研究产权性质和企业规模等异质性，还分析了企业社会责任在碳排放权交易影响企业投资效率中所起的调节作用，深化理论研究和理解碳排放权交易市场与微观企业之间的关系。

一　相关文献梳理与评述

第一，碳排放权交易制度及其演进。为解决环境和气候变化问题应运而生的碳排放权交易市场，是通过市场机制来解决问题。政府将

"环境资源许可证"等发放或者销售给企业，企业可在市场上买卖许可证，达到资源的最优配置（Dales，1968）。碳排放权作为一种特殊的产权类型，在实践中被广泛使用，成为各国政府进行环境管制的工具之一。王倩等（2013）认为，碳排放权交易制度的实质就是把排放权作为稀缺资源，以政府对总量的控制或者排放标准为前提，通过对碳排放权进行初始分配，企业进行自由交易，实现碳排放权的资产化，借助市场机制实现高效率配置。赵昕东等（2021）认为碳排放引发的气候问题，是经济增长的附属产物，而发展碳市场是有效应对全球气候变化，促进经济社会可持续、低碳发展的重要途径之一。曾文革等（2017）认为从产权理论中派生出来的碳市场，可以解决碳排放负外部性，是实现高效减碳的一项重大制度安排。目前全球主要国家都已构建了完善的碳市场体系，并取得显著成效。碳排放权交易市场作为一种市场化手段可以降低二氧化碳排放量并提高能源利用效率。

碳排放权交易制度自产生后在近几年取得了飞速的发展。2002年，英国推出了首个全国性碳排放权交易市场（UK ETS），加拿大、美国等国家也先后启动了碳排放权交易。随着经济发展和能源结构的转变，各国逐渐将碳排放权作为一种重要的减排工具加以利用，来控制二氧化碳的排放，减轻温室效应，实现可持续发展目标。随着国际社会对减排要求的提高，环保意识的增强，各国政府不断出台相应政策，碳排放权交易市场发展迅速。2005年，欧盟建立了碳排放权交易体系（The EU Emissions Trading System，EU-ETS），EU-ETS是欧盟成员国共同构建的碳市场，涉及31个主权国家。该体系的发展历经四个阶段：第一阶段涵盖大部分高排放工业企业和能源企业；第二阶段覆盖行业逐渐增加，其控制的碳排放量占欧盟总排放量的近五分之二（杜莉、万方，2017）；第三阶段是推广阶段，欧盟在全球范围内对排放交易体系进行了布局，变革了交易机制，在第二阶段的基础上，逐年降低，以拍卖方式配置较多碳排放权配额；目前欧盟已进入第四阶段，欧盟对原EU-ETS进行改革后，逐步促使欧盟碳排放权交易市场走向常态。目前该体系已经发展成为涵盖能源、交通、建筑和农业等多个行业的综合性减排机制。

我国的碳排放权交易制度建设，经历了一个从初步探索到逐步完善再到逐步成熟的历程，总体可划分为三个发展阶段。第一个发展阶段为2002—2011年，这个阶段的特点为以收益性和单向交易为主，仍处于发展的初期（张涛等，2022）。第二个发展阶段为2011—2020年，这一时期是我国碳市场探索、完善和发展时期。2011年，经国家发展改革委批准，深圳、北京、广东、上海、天津、重庆、湖北七省（市）的试点工作开始筹备。2013年，深圳市一马当先，推出了深圳碳排放权交易所，是发展中国家首个碳排放权交易市场①，随后其他试点纷纷建立。随着2016年福建省的加入，我国共成立了8个试点碳排放权交易机构。第三个发展阶段是2021及以后，全国碳市场开始运营，表明中国的碳排放权交易市场已经进入全国统一市场的发展阶段。

第二，企业投资效率的测度及影响因素。投资决策作为企业三大决策之一，关系到企业整体发展与战略规划，是企业经营管理的重要环节，其中，测定投资效率是企业决策的关键要素。关于测度企业投资效率，潘越等（2020）、顾海峰等（2021）、谢伟峰等（2021）、李雷等（2022）、Wang等（2022）用Richardson（2006）模型来度量投资效率；Huang（2020）采用市账率衡量管理层预测误差与企业投资效率之间的关系。

企业投资效率的影响因素较多。首先，从企业内部看，高管特征、盈余管理、企业信息的管理及信息披露等都是影响企业投资效率的内部因素。陈旭等（2023）认为，CEO金融背景会导致企业过度投资进而降低企业投资效率，且银行背景CEO产生的负向作用更为显著。林琳等（2022）认为，名人出任CEO能够提高企业投资效率。在企业盈余管理方面，董洁（2020）发现，真实盈余管理的程度与企业投资效率

---

① 深圳碳排放权交易所网站，http：//www.cerx.cn/aboutus.htm。

成反比，真实盈余管理的程度越高，企业投资效率反而越低。林钟高和刘文庆（2022）认为，分行业信息披露监管模式的实施有效抑制了上市公司的非效率投资行为，且对于低质量信息披露以及高盈余管理行为的上市公司的抑制效应更加明显。提升会计信息质量，可以帮助减少过度投资或者减轻逆向选择导致的投资不足，从而提高投资效率（Bushman，2001；Biddle，2006）。其次，影响企业投资效率的外部因素有外部审计及宏观政策方面等因素。曹李朵（2018）以 A 股市场非金融类上市公司为研究对象，发现优质外部审计有助于提高公司投资效率，审计质量在财务重述和公司投资效率间具有显著中介作用。李小林等（2021）认为，宽松的货币政策通过增加企业的信贷可得性及降低现金流不确定性两种机制改善投资不足的企业的投资效率，但同时会降低投资过度的企业的投资效率。

第三，碳排放权交易对企业投资效率的影响。关于碳排放权交易的市场机制如何影响企业投资效率，理论界有两种截然相反的看法：一部分学者认为企业通过参与碳排放权交易，带来了额外的成本，进而降低了企业资源使用的效率，最终不利于企业投资效率的提高；另外一种观点认为通过进入碳市场可以通过信息披露还能减少信息不对称的现象，最终提高企业投资效率。林伯强等（2021）等的研究认为，无论是政府设定的减排要求还是开征污染税或进行排污权交易，均可能带来新的代价，打乱原来的企业生产计划。环境规制增加了企业污染治理的成本以及制度遵循的成本（Gray & Shad，2003）。Petroni（2019）认为，有的企业可能因为排放的问题而采取减产甚至停工等措施，从而对企业的正常投资产生挤出效应，最终降低了投资效率。Jaffe（1997）以"波特假说"为理论基础进行分析，发现环境规制，特别是市场激励型的环境规制，能增加企业研发投入力度。许东彦等（2020）认为，参与碳市场交易的企业通过增加信息披露，从而减少信息的不对称，还会从外在提升企业的投资效益，比如缓解融资约束、降低企业政策性负担等积极作用。Tang 等（2022）通过实证研究发现，碳排放权交易可以通过影响碳价格、创新活动和碳信息披露来提高上市公司的价值。张涛等（2022）的研究指出，碳排放权交易能够有效地促进企业投资效率的提高。曾林等（2021）以 2014—2019 年中国碳排放权交易数据为研究对象，得出碳排放权交易对企业投资效率具有显著正向效应，但其作用效果会受到配额数量、初始配额比例等因素的制约。

第四，文献评述。随着绿色经济、低碳经济的发展，碳排放权交易试点的推广和全国碳市场的开市，越来越多的学者对碳排放权交易开展了研究，一些学者研究碳排放权交易制度、碳排放权交易体系的发展等宏观层面的问题。一些学者研究企业参与碳排放权交易试点之后在技术创新、绿色转型升级、财务绩效水平、企业价值等方面的变化，提出了自己的观点，但目前在企业投资效率方面的研究较少，存在着比较大的研究和拓展的空间。

在仅有的相关文献中，也鲜有文献具体分析企业参与碳市场之后的投资效率变化以及分析企业社会责任在这一过程中所发挥的作用。在仅有的关于碳排放权交易对企业投资效率影响的研究中，关于投资效率的度量也不相同，有基于 DEA 模型选取投入与产出的指标来计算投资效率，或者是自行构建绿色投资量作为衡量投资效率的指标，我们参考国内外文献，采用 Richardson 投资效率模型。此外，企业加入碳排放权交易的时间也不相同，为更好地衡量碳排放权交易带来的作用，我们采用多期双重差分模型进行回归。基于此，我们把理论分析和实证分析相结合，从深圳碳市场入手，分析碳排放权交易对企业投资效率的影响，可以对过去的碳排放权交易市场的试点进行经验总结，有助于我们更有针对性地改进碳市场的建设。

二　碳排放权交易对企业投资效率影响的理论基础

通过对构建碳市场体系的理论基础和影响企业投资效率的相关理论

进行阐述，可以为后续的实证研究奠定必要的理论支持。科斯产权理论为建设碳市场提供了理论基础，控制排放的外部性理论和利益相关者理论解释了建设碳排放市场的原因。波特假说可以解释碳排放权交易市场为什么会对企业投资效率产生影响。

（一）科斯产权理论

科斯产权理论核心观点认为，外部性现象产生的主要原因在于市场上产权界定模糊，明晰产权才是解决外部性问题的关键，那么对于环境问题带来的外部性影响，需要对公共资源的产权进行确定，在此基础上，激励各有关方通过交换等方式对资源进行有效分配。在这一过程中，政府通过对市场失灵进行干预来达到其治理目的。科斯产权理论在成熟和发展过程中，大致分为两个时期。科斯在其初始阶段就提出，阻碍与摩擦普遍存在，并广泛地贯穿于市场机制的运作过程之中，如果企业要想化解这种冲击，最为有效的办法就是进行创新。他认为如果市场上不存在一个有效机制来克服摩擦的话，那么市场就不会有效率，所以要想解决外部性问题必须依靠制度建设。科斯产权理论发展到成熟阶段，对产权所具有的经济功能进行了直接而清晰的说明，可以通过资源互换来解决外部性，政府的调控作用在这一阶段并不是必需的。科斯产权理论在第三阶段则进一步强调了政府作为公共物品提供者的责任，并认为其职能应当由管制转变为提供服务。在此基础之上，市场中产生了大量的经济激励和约束机制，如排污费、税收等，这些制度的实施使市场的效率得以提高，进而促进社会经济发展水平的提高。当前我国碳排放权交易市场就是利用市场机制，将原本的公共物品变成商品进行交易，既对企业的排放行为进行约束，又给企业在生产经营活动中提供更多可供选择的余地。企业把过剩的排放权直接销售给企业，变成了利润，企业还会为其排放支付成本，这一部分成本会转嫁给其他机构，有助于它消除因排放而产生的抑制性外部性。

（二）外部性理论

外部性的含义是指企业随着生产规模的扩大，其单位成本会受到外部因素影响而降低。后来，庇古把马歇尔的外部因素影响企业转变为企业对其他企业和居民的影响。外部性理论的应用范围十分广泛，包括自然资源开发和环境保护等方面。当前学界对外部性的划分比较多元，至今，学界的研究集中于外部性带来的是促进作用还是抑制作用：促进作用的外部经济性，例如建立高效运输通道，可为西部瓜果运输提供效益；抑制作用的外部经济性，比如建设水坝可能会影响下游的生态环境。如果促进性外部性和抑制性外部性之间发生相互作用，那么经济资源配置会出现失效的情况，而要消除这一效应，其途径就是要求外部性制造者把所产生的外部性内部化，但有关内部化的具体措施，至今尚无定论。提出具体措施的人中，比较有影响的有庇古、科斯等。前者提倡用税收作为工具，而后者强调的是把市场作为一种手段。以后学者以此为基础，又有所引申。在外部性问题日益成为各国政府关注焦点时，如何协调好政府与市场的关系也就显得尤为重要。当前，一般认为，仅仅靠市场机制来实现资源最优配置并不可能，加入了补贴这种方式，外部性的负面影响才有可能消除。在环境经济政策实施时必须考虑到政府干预的必要性和合理性。大气属于公共资源，任何一个人不仅有使用权，而且与每个人最为基本的生存权息息相关，企业污染排放也会产生负面影响，不只是损害了其他公司，而且损害了许多个体的权益。如今，经济高速发展，环境污染越来越严重，政府需要发挥公共权力机构的作用，通过多种措施减少企业排污行为，从而减少外部性。而碳排放权交易市场可以有效减少企业生产带来的负外部性，通过碳市场，把二氧化碳排放权当作商品进行交易，把外部性抑制效应反向传递给企业生产成本，控制企业的排放，最终减少外部性的抑制效应，实现企业技术进步和环境改善的双赢。

（三）利益相关者理论

利益相关者理论是弗里曼首先提出来的，这一理论指出，企业的生产经营决策应兼顾企业各利益相关者的利益。这一理论部分颠覆了以往股东至上的学说，提出了一个观点，即企业要发展，任何一个利益相关者都不能脱离，企业要实现高效发展，就要兼顾每个利益相关者；游离于各利益相关者之外，单枪匹马地发展，乃至仅仅着眼于单个利益主体，都会妨碍企业的长远发展。如今，学者对企业和利益相关者关系进行了更深入的研究。认为企业在运行时，不能仅仅把企业股东、债权人等视为利益相关者，而应综合考量。因为企业的生产经营离不开外部环境的影响：企业的生产需要稳定安全的市场环境，政府可以通过调控满足企业的需要，媒体也可以监督和约束企业行为，促进市场的公平竞争。为此，企业应把利益相关者考虑在决策中，同时兼顾它们的抑制作用或者促进作用。高耗能企业因行业特殊，社会的发展进步离不开高耗能企业提供的产品，同时，高排放对生态环境也产生了不良影响。因此，它所涉利益相关者的范围是非常广泛的，它的生存与发展，将不单纯依靠股东和投资人的投资，更取决于企业满足各个利益相关者的利益需求的程度，这种企业管理思想，在理论上说明了碳排放交易政策对企业成长的作用，企业除了要向股东和其他投资人承担责任，还应承担社会环境责任，在考虑各方面利益相关者的情况下，可以确保企业的长期稳定发展。

（四）波特假说

如何在环境规制和经济增长之间进行权衡，一直以来都是企业在经营过程中绕不开的课题，同时，学术界至今仍未得出统一的认识，新古典主义经济学派认为，环境规制提高了企业运营成本，与此同时，巨额资金占用还会对财务绩效产生抑制作用。而波特假说指出，科学合理的环境规制会推动生产技术的进步，推动企业高效生产，在短期内，尽管提高了企业成本，但由创新引发的经济长期增长，可以补偿前期的高额费用。根据波特假说，科学合理的环境规制能实现经济增长和环境保护的双赢。与此同时，政府对调和环境和经济也发挥着重要作用，政府通过设置和建立切实可行的市场体制机制，同时，严格监督企业落实，就可以在经济和环境之间实现多方共赢。波特假说作为构建碳排放权交易市场体系的理论基础，其理论内涵为企业积极进入碳市场，参与碳排放权交易提供理论依据。

（五）信息不对称理论

所谓信息不对称，其意义在于经济活动主体对于交易信息的了解情况不同，造成了双方利益分配的失衡。对交易信息有更全面把握的人，也许会站在更有利的位置上；反之，不充分了解信息的当事人，就会处于劣势。信息不对称是市场经济条件下普遍存在的一种经济行为，是影响企业经营决策效率和效果的重要因素之一。现代经济学理论认为，由于资料稀缺，以及人获取信息能力与接受程度等方面的局限，致使不同的主体不能充分地进行采集、分析并利用信息，对资料的把握程度是有差别的，这是信息不对称性产生的原因。信息不对称往往在交易中表现得更明显。一般情况下，市场交易的销售方拥有的商品交易信息比较丰富，卖方将可靠的交易信息转达给买方，以获得较大的利益，并且买方支付了取得相应资料的费用，这一现象是信息不对称性造成的。随着经济全球化进程加快，信息不对称问题逐渐显现。目前我国经济环境发展面临巨大压力，尤其是二氧化碳排放总量居高不下。复杂多变的生态环境下，人们不可能估计目前生产活动给大气带来了什么，因地域差异，区域间环境污染程度亦不一致，污染企业对其排污信息的认识是全方位的，针对有关部门在监管中容易产生报告虚假数据等问题，环境监督管理部门和排污企业间存在信息不对称性，这在某种程度上妨碍了政府碳减排活动的开展。Hoepner 等（2016）认为企业积极主动披露信息，可以有效改善会计信息质量。崔凌瑜等（2022）提出，披露碳信息和企业社会责任报告的方式，对企业和政府都有好处，能够有效缓解投资者和其他利益相关者的信息不对称。

三　深圳碳排放权交易市场发展的事实特征

（一）深圳碳排放权交易市场发展现状

深圳碳排放权交易所在 2013 年 6 月启动，是全球发展中国家首个碳市场，且碳金融创新连续七项全国第一，配额流转率连续六年位居全国首位①，涵盖能源、产业、建筑、运输及其他工业。相对于其他试点地区，深圳的碳市场更活跃，并不断开展金融创新。深圳碳市场管控单位涉及工业制造业、供电、供水、供气、公交、地铁、港口码头等领域，共计三十多个产业。截至 2021 年 6 月 4 日，深圳碳市场交易总量达 2710.9 万吨，交易总额达 7.37 亿元②。在深圳碳排放权交易市场上，碳排放权交易是以现货价格作为基础进行定价的一种交易方式。深圳碳排放权交易所碳价走势见图 2 - 1。

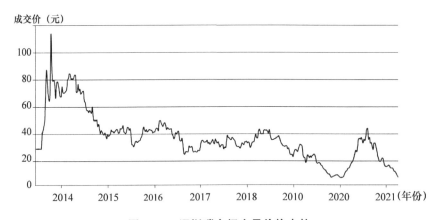

图 2 - 1　深圳碳市场交易价格走势

图片来源：碳交易网，www. tanjiaoyi. com。

---

① 深圳市碳排放权现货交易系统，https：//trading. szets. com/。
② 碳交易网，www. tanjiaoyi. com。

　　2022 年 6 月《深圳市 2021 年度碳排放配额分配方案》中明确了全市碳排放权交易体系年配额总量从 2200 万吨增加到 2500 万吨，碳排放控制单位由原来的 687 家增加到 750 家。配额总量及控排企业的增加将进一步提高深圳碳市场活跃度。2022 年，深圳碳价持续走高，下半年成交均价 49.52 元/吨，为上半年成交均价的 2.8 倍，交易量大多集中在 8 月履约月份，该月交易量占全年的 58.5%，深圳碳市场 2022 年成交量及成交均价见图 2 所示。2022 年，深圳碳排放权交易市场得到了进一步发展，根据深圳碳排放权交易所的信息，2022 年度深圳碳市场交易额 2.47 亿元，同比增长 30.39%；碳排放配额交易额 2.25 亿元，同比增长 188.40%；年末碳排放配额收盘价 53.50 元，市场累计交易额突破 20 亿元大关；碳市场流动率为 21.25%，连续多年稳居全国第一[①]。

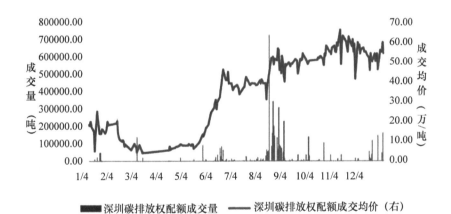

图 2 - 2　深圳碳市场 2022 年成交量及成交均价情况

图片来源：Wind，第一财经研究院，www.cbnri.org。

（二）深圳碳排放权交易市场的优势

　　相较于其他地区的碳市场，深圳碳排放权交易市场主要有以下几大优点。

---

　　① 窦延文：《深圳碳市场流动率稳居全国第一》，《深圳特区报》2023 年 1 月 14 日第 A01 版。

第一，率先推出碳市场纲领性文件，建立创新性的碳排放交易的管理体制。深圳颁布的《深圳市碳排放权交易管理办法》，细分了供电、供气、供油等单位按规定提供相关用能数据，明确了相关部门的职责，具体涉及发展改革、统计、工业和信息化、交通运输、财政、住房和城乡建设、地方金融监管、国资管理等部门，规定各部门按照职责分工履行相应的监管职能，形成监管合力，提高管理效率。

第二，建设碳普惠体系，走在全国前列。深圳市颁布了《深圳市碳普惠管理办法》，把小微企业、社区家庭及个人的减碳行为进行了具体量化，并建立商业激励结合政策鼓励等一系列正向引导机制。它的推出意义是为深圳碳普惠体系建设提供了制度保障，也为规范绿色普惠行为提供了必要依据，既促进了公众对低碳绿色生活领域的参与度，又有助于深圳形成碳普惠制度体系。

第三，深圳市的绿色金融环境也领先其他试点地区，深圳绿色低碳产业的高质量、规模化发展，离不开资金支持，深圳不断引导金融机构对绿色产业的扶持，首个绿色金融法律法规《深圳经济特区绿色金融条例》正式实施，在绿色金融发展方面提供了法律保障。

第四，深圳碳排放权交易所也不断进行优化创新。为提高市场的运行效率，保持市场稳定，解决各年配额同质不同价的难题，深圳碳排放权交易所对交易系统中2013—2020年的配额产品进行合并，合并结束时统一配额产品缩写为SZEA，解决了各年的配额同质不同价的情况，达到配额产品统一定价的目的，利用配额的价格发现功能，提高了碳市场的交易效率，促进了深圳碳市场的平稳运行。

四　碳排放权交易影响企业投资效率的作用机理与研究假设

（一）碳排放权交易影响企业投资效率的作用机理

碳排放权交易市场是以特定地区、特殊行业或企业为对象，在设定的限定时间段内规定排放上限，把二氧化碳排放权利商品配额化，之后采取拍卖或者免费分配的方式进行交易，并且政府在这一过程中始终发挥调控作用。在参与碳排放权交易的过程中，少数公司反应积极，通过购买先进设备、革新技术，提高了生产效率，掌握了低碳生产技术，制定出更合理的低碳生产配置，能主动回应碳排放权交易市场的减排指导，实现减排目标，同时确保生产；多数企业则因为缺乏低碳技术而难以实现减排任务，因此只能被动地承担减排责任，导致企业生产效率不高，常常完不成减排任务，甚至需要支付排放惩罚费用。不同企业因其生产特点不同，在面临碳排放权交易市场管制时，将选择不一样的发展道路，生产效率越高，越倾向于提前实现减排任务，在排放配额过剩的情况下，它既可选择直接销售，也可选择不断地扩大产量，而且不管哪种方案，毫无疑问，都会中和企业在早期对低碳技术引进、改良的费用投入，直接加大了企业经济利益涌入，直接或间接促进了企业投资效率的提升，而且新增收益可以增加管理者今后对技术持续投入的信心和资金，持续协助企业改善投资水平。而且排放效率差的公司显然会预先消耗它们的排放配额，此后，只可选择收购配额或停产，并且违反排放管制进行超额生产，只会提高企业惩罚成本，不管采取哪种方案，都会以较大概率使企业投资效率下降。企业能够积极主动地增加对技术设备的投入，继而提高了企业投资效率，而且余下来的排放权利，也会有助于企业实现利润增加，促进企业提高效益。

（二）碳排放权交易影响企业投资效率的研究假设

目前在中国经济发展的环境下，碳排放交易既可以减少企业的碳排放量，同时也给企业降低了部分成本。Hong 等（2011）研究显示，在企业主动公开碳信息时，能够缓解信息不对称，从而促进企业提高投资效率。陈屹立等（2021）认为，近年来强有力的环境监管能够倒逼企业推动技术创新，实现环境规制的波特效应。因此，目前的背景下，环境规制能够有效改善环境污染状况，又能促进企业的创新升级。按照波特假说，企业积极响应政府的号召，在减少污染物和碳排放量时，不是靠减少生产量之类的方法缩减耗能的，而是通过不断地更新设备和改进生产的工艺技术，这不仅给企业带来了技术上的创新，推动了企业投资效率的提升，也减少了排放，实现了共赢。我们认为，碳排放权交易制度之下，企业将更加主动地参与技术创新活动。基于上述分析，我们提出第1个假设。

假设1：碳排放权交易能够促进企业投资效率的提高。

此外，企业规模的差异常常意味着企业生产经营模式的差异。企业规模大、资金充裕，当其长期的战略布局面临碳排放市场的时候，常常能积极地应对。相较于规模较小的企业，大规模企业拥有资金和技术上的优势，其在低碳化方面也有着天然优势。不管是在技术上投入资金，还是在管理机制的科学建立上，都比小规模企业具有更大的优越性，有助于企业确保生产计划完成，而结余排放配额，以配额交易的方式直接提高企业利润。而小规模企业面临的排放管制的问题，由于企业规模和资金的限制，减排信心不足，只能被动地接受减排的任务，最终因减排影响企业利益。实际上，我国被列入碳排放权交易试点范围的产业与企业发展水平不尽相同，碳排放权交易对企业的影响也会因企业的发展情况而不同。因此，研究不同规模的企业参与碳排放权交易的投资效率的变化具有重要意义。在此基础上，我们提出第2个假设。

假设2：碳排放权交易市场对于企业投资效率的提升会因企业规模大小不同而异。

沈凤琴（2020）认为我国国企和民企两者市场性中企业管理、企业发展、市场开拓性等具有明显差异。此外，国企和民企在体量、市场占有度、创新激励计划等方面也有所不同。因此，需要在产权异质性视角下，考察碳排放权交易如何影响企业投资效率。就国有企业而言，由于国有企业产权特殊，它的经营行为往往要受政府干预。李文贵等（2015）认为国有企业一般都担负着某些政治任务，具有社会职能，其运作的特点是"维稳"，稳健的经营风格，致使国有企业放弃了部分具有风险的投资项目，导致其实施更多的非效率投资行为。冯宗宪等（2020）等提出，国有企业薪酬受到政府约束，创新激励制度还不够健全，由此产生委托代理的问题，管理层一般并不打算开展创新活动，使国有企业创新力不足。不同于国有企业，民营企业受到政府管制的程度低，管理团队在做出投资决策的时候更积极主动，受到外界影响较少，更为创新项目提供了便利，受益于先进管理优势，还可以更加高效地发挥资源创新。从市场竞争的角度看，国企通常在自己的产业中占据支配地位，相比较而言，民营企业所处市场壁垒要小得多，以保持市场份额，增强市场竞争力，民营企业在技术创新方面具有强烈的动机与需求。针对上述情况，我们提出第3个假设。

假设3：相较于国有企业，民营企业在参与碳排放权交易之后投资效率提升得更明显。

在企业社会责任方面，庄旭东和段军山（2022）认为，企业积极参与碳排放权交易，向投资者传递出企业发展状况良好的信息，减少信息不对称性，可以赢得投资者的信任，能吸引来更多的投资。还有一种意见恰恰相反：Bernea和Rubin（2019）根据股东至上理论，企业社会责任的承担使管理者的利益达到最大化，就是管理者隐瞒了不恰当的做法、转移公众视线，导致股东财富与企业价值受损，同时，管理者要取得事业上的良好信誉，以损害股东利益为代价，过多地承担社会责任，公司股东出于对管理者这一行为的警惕，会加大监督行为的力度，使代理成本增加。Chahine等（2019）认为，在拥有更多CEO的公司中，企业社会责任与公司价值负相关，并且存在CEO使用企业社会责任来巩固自己并获得私人利益，而不是增加股东价值的现象。谢伟峰等（2021）认为，对于企业社会责任是否正向或负向影响公司投资效率，关键是企业对企业社会责任是否出于"真心"或"假意"的激励，企业履行企业社会责任属于"假意"行为的时候，也就是当企业承担社会责任的动机是机会主义的时候，拥有信息优势的管理者通过承担社会责任，隐藏了公司经营上的不正当行为，转移利益相关方关注，甚至向外界提供不真实的会计信息。综合以上分析，我们提出第4个假设。

假设4：企业社会责任在碳排放权交易对企业投资效率的影响中具有逆向的调节作用。

五　碳排放权交易对企业投资效率影响的研究设计

（一）模型与方法

第一，双重差分模型（Difference-in-Differences model，DID）。黄炜（2021）认为，双重差分是一种尝试采用控制组实际未经处理的结果变化作为处理组倘若未经处理的结果变化的反事实来分析因果效应的方法，通常包括冲击事件、处理组、控制组和时期这四个要素。DID法主要应用于对政策效应的评价，基本思路是将研究对象分为实验组和对照组，受到政策影响的为实验组，通过比较实验组在政策实施前后的变化，对政策效应进行估计。但是，实验组的变化可能是时间效应导致的，也就是说即使没有政策效应实验组本身也有这种变化的可能性。此时就需要引进对照组，因对照组不受政策实施的影响，那么观察对照组在政策实施前后的变化再对比实验组的变化，就能排除时间效应的影响，这部分变化就是政策效应。

利用DID法进行政策效应研究有很多优势：首先，回归方法的简便易行具有科学性；其次，陈林和伍海军（2015）认为，差分法能有效地规避内生性问题。胡珺等（2020）采用DID法，对碳排放权交易和企业创新之间的关系进行研究。双重差分法成了目前使用最为广泛的计量方法，并且其上升趋势仍有进一步加强的倾向。参考以上文献，我们采用双重差分法进行研究分析。

使用双重差分法必须满足两个关键条件：首先，必须存在一个具有试点性质的政策冲击，以此来找出处理组和控制组；其次，必须具有一至少两年的面板数据集，以此来判断政策前后的变化。双重差分法的标准 DID（standard DID）可以表示为如下形式：

$$Y_{it} = \beta_0 + \beta_1 Treat_i + \beta_2 Time_t + \beta_3 DID_{it} + \varepsilon_{it} \qquad (1)$$

其中，$Treat_i$ 为政策虚拟变量，$Treat_i = 1$ 表示处理组，$Treat_i = 0$ 表示对照组。$Time_t$ 为时间虚拟变量，$Time_t = 1$ 表示碳交易试点开始交易之后，即 2013 年及之后，$Time_t = 0$ 表示碳交易试点开始交易之前。是时间虚拟变量和政策虚拟变量两者的交互项，其系数的估计量是我们关注的重点，是衡量碳排放权交易的净效应的指标。

第二，倾向得分匹配法（Propensity Score Matching，PSM）。该方法的基本思想是：发现与处理组类似的控制组个体，使其与属于处理组的个体在可测变量的取值上尽可能的相似。PSM 法的优点是减轻样本选择偏差，能够减少错误配对的问题，可以很好地解决"反事实"现象，减少样本选择偏差，从而对政策效应进行较好的估算。周畅（2019）采用 PSM-DID 方法，从微观层面考察碳排放权交易对企业财务绩效的影响；林志宏和赵思艺（2021）运用 PSM-DID 方法，研究碳排放权交易政策对企业财务绩效的影响。在参考有关文献的基础上，我们建立了 PSM-DID 模型，采用 1∶1 的近邻匹配法对样本进行匹配。

（二）样本选择与数据来源

我们选取 2010—2021 年 A 股上市的深圳企业作为初始样本。鉴于研究的可行性和数据的可得性，选取 2010 年前在深圳证券交易所上市且企业总部在深圳的企业为观测对象，以首批参与深圳碳排放权交易所交易试点的企业作为实验组，未参与碳排放权交易试点的企业为对照组，选取 DID 模型来评估参与碳排放权交易试点的企业的投资效率的变化，探究碳排放权交易与企业投资效率间的关系，以 2013 年为参与碳排放权交易执行年，参与碳排放权交易试点的企业名单从深圳碳排放权交易所发布的文件获取。另外，所选取的样本还做了如下处理：一是剔除金融保险类企业；二是剔除标注 ST、*ST 的企业；三是剔除资料严重缺失的企业。经过以上处理最终得到 127 家企业、1128 个企业年度样本，其中实验组 34 家，对照组 93 家。为了避免研究结论受到极端值的干扰，我们对连续变量进行了 1% 和 99% 分位数上的 Winsorize 缩尾处理。研究所采用的上市公司财务数据和公司治理数据均来自国泰安数据库（CSMAR），所用社会责任数据均来源于和讯上市公司社会责任数据库，试点企业名单是在深圳碳排放权交易公布的数据中通过手工整理获得的。

（三）变量及定义

第一，被解释变量：企业投资效率。借鉴和参考潘越等（2020）、万佳彧等（2022）的相关文献，我们选用 Richardson（2006）的投资效率模型进行测度。该模型的基本思路为：通过对变量进行回归，该模型可以估计公司的一般资本投资水平，然后用模型的残差来度量公司的非效率投资。基本公式如下：

$$INV_{i,t} = \delta_0 + \delta_1 Growth_{i,t-1} + \delta_2 Lev_{i,t-1} + \delta_3 Cash_{i,t-1} + \delta_4 Age_{i,t-1} +$$

$$\delta_5 Size_{i,t-1} + \delta_6 Ret_{i,t-1} + \delta_7 Invest_{i,t-1} + \sum Industry_{i,t} + \sum year_{i,t} + \varepsilon_{i,t}$$

$$(2)$$

其中，参考 Richardson（2006），公式中各变量的意义为：$Growth_{i,t-1}$ 为上一期营业收入增长率；$Cash_{i,t-1}$ 为上期的现金资产；$Age_{i,t-1}$ 为上期的企业年龄；$Size_{i,t-1}$ 为上期的资产规模，$Lev_{i,t-1}$ 等于上期的资产负债率的对数值，$Ret_{i,t-1}$ 为上期的股票回报率，$Invest_{i,t-1}$ 为上期的新增投资。

我们对模型（2）进行 OLS 回归，再将得到的残差取绝对值，记为 Abs_ INE，用 Abs_ INE 来测度非效率投资水平，Abs_ INE 值越小，企业非效率投资的程度越小，企业的投资效率越高。

第二，核心解释变量是 DID_{it}，是分组虚拟变量 $Treat_i = \{0，1\}$、时间虚拟变量 $Time_t = \{0，1\}$ 两者的交互项。其中 $Treat_i = 1$ 为处理组，即表示企业 i 参与了碳交易；$Treat_i = 0$ 表示控制组，即企业 i 未参与碳交易。$Time_t = 1$ 表示碳交易试点开始交易之后，即 2013 年及以后；$Time_t = 0$ 表示碳交易试点实施之前，即 2013 年以前。

第三，调节变量。借鉴顾雷雷等（2020）、严武和孔雯（2022）的研究，选择和讯上市公司社会责任总分中企业社会责任（CSR）为调节变量。和讯社会责任评分涉及股东责任、员工责任、供应商责任、顾客与消费者的权益责任、环境责任、社会责任六个主要部分，综合组成了企业社会责任总分。为提高与其他变量数据之间的匹配性，以企业实际社会责任评级得分除以 100 作为 CSR 指标值。

第四，控制变量。参照万佳彧等（2022）、李雷等（2022）的研究，我们选取如下指标作为控制变量：其一，企业规模（Size），大公司成长发展的机会较小，投资效率相对低下；其二，杠杆率（Lev），资产负债率越高，公司所付利息就越高，面对资金约束问题，问题就越是严峻，因而容易使投资效率低下；其三，资产收益率总额（ROA），企业总资产收益率高，企业的有效投入越多，投资效率越高；其四，成长性（Growth），投资机会越多，投资水平就越高，可能会造成过度投资等现象；其五，股权集中度（Top1），大股东占用企业资金，影响其资金配置，加重了委托代理问题，降低企业投资效益；其六，董事会独立性（Indep），独立董事能够有效地对经理人投资决策进行监督，促进企业高效投资；其七，董事会规模（Board），大董事会监控能力更强，规模大的董事会还加强了企业对各类问题的认识与解决，从而可能影响投资的效率。

相关变量及其定义参见表 2-1。

表 2-1　　　　　　　　　　　**变量及其定义**

变量名称	变量符号	变量定义
非效率投资	Abs_ INE	Richardson（2006）模型的残差的绝对值
政策变量	Treat	企业是否参与碳排放权交易试点，若是 Treat 取值为 1，否则为 0
时间变量	Time	2013 年及以后，Time 取值为 1，否则为 0
碳排放权交易	DID	是否参与碳排放权交易
企业社会责任	CSR	和讯社会责任总评分/100
企业规模	Size	企业总资产的自然对数
资产负债率	Lev	总资产/总负债

续表

变量名称	变量符号	变量定义
总资产收益率	ROA	净利润/总资产
现金比率	Cash	现金及其等价物/总资产
成长性	Growth	营业收入增长率
董事会规模	Board	董事会总人数的自然对数
董事会独立性	Indep	独立董事数/董事会总数
股权集中度	Top1	第一大股东持股比率

（四）模型设计

参考相关文献，建立 DID 模型，对样本进行回归探究碳排放权交易是否能促进企业投资效率的提升以检验假设 1 是否成立。构建 DID 模型：

$$INV_{i,t} = \beta_0 + \beta_1 DID_{i,t} + \beta_2 Controls_{i,t} + \varepsilon_{i,t} \qquad (3)$$

为了消除不可观测的影响，在以上模型中加入了个体固定效应和年份固定效应：

$$INV_{i,t} = \beta_0 + \beta_1 DID_{i,t} + \beta_2 Controls_{i,t} + u_i + \gamma_t + \varepsilon_{i,t} \qquad (4)$$

为研究企业社会责任是否发挥了调节效应，以检验假设 4 是否成立，建立以下模型：

$$INV_{i,t} = \beta_0 + \beta_1 DID_{i,t} + \beta_2 CSR_{i,t} + \beta_3 DID_{i,t} \times CSR_{i,t} +$$
$$\beta_4 Controls_{i,t} + \gamma_t + u_i + \varepsilon_{i,t} \qquad (5)$$

六　实证结果分析与检验

（一）变量的初步分析

第一，描述性统计。表 2-2 是对主要变量的描述性统计，包括样本量、均值、标准差、最大值、最小值和中位数等。被解释变量方面，非效率投资（Abs_ INE）均值为 0.052，标准差为 0.072，最大值和最小值分别为 0.000 和 1.026，中位数为 0.033，表明样本中衡量企业投资效率的指标存在着一定的波动性，可以进行回归分析。同时也表明样本中上市公司的投资效率较低。

表 2 - 2　　　　　　　　　　　　描述性统计

变量名称	样本量	均值	标准差	最小值	中位数	最大值
Abs_ INV	1128	0.052	0.072	0.000	0.033	1.026
DID	1128	0.176	0.381	0.000	0.000	1.000
Size	1128	22.408	1.316	19.525	22.266	26.395
Lev	1128	0.461	0.210	0.035	0.482	0.925
ROA	1128	0.043	0.053	-0.398	0.039	0.222
Cashflow	1128	0.039	0.073	-0.224	0.038	0.257
Growth	1128	0.207	0.419	-0.582	0.131	4.310
Board	1128	2.156	0.197	1.609	2.197	2.708
Indep	1128	0.379	0.060	0.300	0.364	0.600
Top1	1128	0.354	0.158	0.083	0.335	0.750
TobinQ	1128	2.146	1.575	0.832	1.669	17.729
SOE	1128	0.326	0.469	0.000	0.000	1.000
csr_ dum	1128	0.981	0.135	0.000	1.000	1.000

第二，相关性分析。表 2 - 3 是对主要变量进行了 Pearson 相关系数矩阵检验，判断解释变量间相关系数的绝对值是否低于 0.9 可初步剔除变量共线的可能性。由表中数据知，核心解释变量 DID 和 Abs_ INV 虽然呈正相关，但是并不显著，可以认为相关系数矩阵只度量了双变量间的相互关系，没有排除时间效应和个体效应等控制变量和潜在变量的干扰，故结果仅供参考，具体的关系需要进一步的回归分析加以判断。

（二）PSM 匹配结果

为提高样本质量以及增加结论的稳定性，控制内生性问题，我们采用 PSM 法对样本进行配对，利用 PSM 法可以得到与处理组企业类似的控制组企业样本。我们选择企业规模（Size）、资产负债率（Lev）、总资产收益率（ROA）、现金持有水平（Cashflow）、成长性（Growth）、董事会规模（Board）、董事会独立性（Indep）、股权集中度（Top1）、市价

表2-3

相关系数矩阵表

	Abs_INV	did	Size	Lev	ROA	Cashflow	Growth	Board	Indep	Top1	TobinQ
Abs_INV	1										
DID	0.0470	1									
Size	-0.078***	0.110***	1								
Lev	-0.0400	0.0100	0.511***	1							
ROA	0.0270	0.0360	0.00500	-0.252***	1						
Cashflow	0.0170	0.105***	0.00100	-0.226***	0.329***	1					
Growth	0.330***	-0.0290	0.070**	0.098***	0.154***	-0.0170	1				
Board	-0.0110	-0.050*	0.226***	0.108***	0.0320	0.102***	-0.0150	1			
Indep	0.0350	-0.0110	-0.059**	-0.0160	-0.0450	-0.065**	0.0170	-0.561***	1		
Top1	-0.0310	-0.0100	0.062**	-0.073**	0.132***	0.096***	-0.00500	0.064**	-0.0410	1	
TobinQ	0.052*	-0.0180	-0.461***	-0.222***	0.154***	0.064**	-0.00100	-0.147***	0.073**	-0.118***	1

注：括号内容为稳健标准误差；*** $p < 0.01$，** $p < 0.05$，* $p < 0.1$。

账面比（TobinQ）作为可观测特征变量进行匹配。卡尺值限定在 0.01 内且方式为半径匹配。匹配前后的协变量差异如表 2 - 4 所示，通过判断前后的变化可以得出，所有协变量的差异均得到明显缩小，t 检验由原本的显著变为不显著，换言之，样本之间的协变量相似度不断提高，样本选择误差得到缓解。

表 2 - 4　　　　　　　　　　　　平衡性差异

变量	处理	均值 实验组对照组		标准差	标准差 减少幅度	T-test t 值　p > | t |		V（C）
Size	U	22.48	22.38	8		1.140	0.253	0.74 *
	M	22.48	22.62	-10.50	-29.90	-1.240	0.215	0.69 *
Lev	U	0.460	0.461	-0.400		-0.0600	0.951	0.840
	M	0.460	0.473	-6.200	-1367	-0.760	0.447	0.870
ROA	U	0.0479	0.0410	12.80		1.930	0.0540	1.170
	M	0.0479	0.0450	5.500	57.10	0.710	0.478	1.60 *
Cashflow	U	0.0517	0.0346	24		3.460	0.00100	0.820
	M	0.0517	0.0505	1.600	93.40	0.200	0.838	1.050
Growth	U	0.196	0.211	-3.600		-0.500	0.618	0.55 *
	M	0.196	0.209	-3.100	13.70	-0.410	0.685	0.70 *
Board	U	2.143	2.161	-9		-1.360	0.173	1.260
	M	2.143	2.148	-2.800	68.70	-0.350	0.727	1.40 *
Indep	U	0.381	0.378	4.100		0.600	0.550	0.940
	M	0.381	0.378	4	2.500	0.490	0.623	1.010
Top1	U	0.359	0.352	4.300		0.630	0.532	0.820
	M	0.359	0.364	-2.800	35.40	-0.340	0.735	0.800
TobinQ	U	2.070	2.173	-7.200		-0.960	0.337	0.35 *
	M	2.070	1.967	7.300	-0.200	1.050	0.296	0.58 *

图 2 - 3 为主要变量平衡性差异对比图，能够清晰地发现在匹配之前，各主要变量的标准差存在着很大的差异，通过 PSM 匹配之后，变

量的标准化偏差变化明显，显著减小。因此认为，通过匹配得到的样本能够增加结论的准确性。

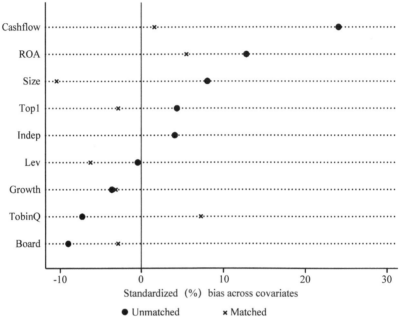

图 2 - 3　平衡性差异对比

图 2 - 4 为匹配前后倾向得分核密度对比图，从中可观测出，在 PSM 匹配之前，处理组和对照组样本存在着较为明显的不同趋势。通过 PSM 匹配之后，实验组和对照组逐渐趋同，出现了较为显著的靠近，通过 PSM 匹配有利于控制所选变量的内生性问题，也说明了此次匹配的效果好，也能增加 DID 结论的稳定性。

（三）实证结果分析

第一，Hausman 检验。表 2 - 5 为碳排放权交易对企业投资效率影响的 Hausman 检验结果。可以发现，P 值小于 0.05，也就是在 95% 的置信区间拒绝了原假设，因为 Hausman 检验的原假设是随机效应模型，因而应选择固定效应模型。

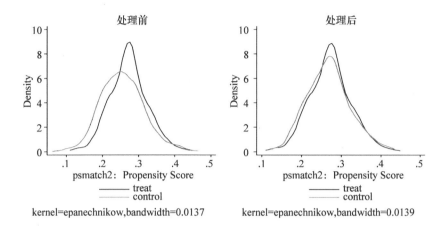

图 2 - 4　匹配前后倾向得分核密度对比

表 2 - 5　　　　　　　　　　Hausman 检验结果

VARIABLES	Abs_ INV
DID	− 0. 0103 ***
	(0. 003)
Size	0. 0239 **
	(0. 011)
Lev	0. 0113
	(0. 022)
ROA	0. 0508
	(0. 041)
Cashflow	− 0. 0283 **
	(0. 013)
Growth	0. 0471 ***
	(0. 012)

续表

VARIABLES	Abs_ INV
Board	− 0. 0030
	(0. 008)
Indep	0. 0447
	(0. 064)
Top1	0. 0002
	(0. 034)
TobinQ	− 0. 0039 ***
	(0. 001)
Constant	− 0. 5198 *
	(0. 290)
Observations	1, 128
Numberofgroups	127
Hausman	55. 728
P-value	0

注：括号内容为稳健标准误；*** $p < 0.01$，** $p < 0.05$，* $p < 0.1$。

第二，基准回归结果。根据前文设计的模型，使用双重差分法考察碳排放权交易的效果，排除个体效应和时间效应带来的内生性问题。此外，通过 Hausman 检验之后，我们采用固定效应模型进行回归分析。此外，为增强结果的可靠性，采用逐步回归的方式验证假设。实证结果见表 2 - 6。在第（2）列至第（5）列中加入企业规模（Size）与资产负债率（Lev）等控制变量后核心解释变量 DID 始终在 1% 的显著性水平下与因变量 Abs_ INV 呈显著的负相关，表明与未参与碳排放权交易试点的企业相比，试点企业通过碳排放权交易抑制了企业的非效率投资现象，促进了投资效率的提升。此外，方程中的 F 统计量较为显著还说明模型回归的整体系数具有良好的显著性。

表2-6　　　　　　　　　　　　基准回归结果

VARIABLES	（1） Abs_ INV	（2） Abs_ INV	（3） Abs_ INV	（4） Abs_ INV	（5） Abs_ INV
DID	-0. 0097 ***	-0. 0132 ***	-0. 0132 ***	-0. 0100 ***	-0. 0103 ***
	（0. 003）	（0. 003）	（0. 003）	（0. 002）	（0. 003）
Size		0. 0373 **	0. 0356 **	0. 0271 **	0. 0239 **
		（0. 014）	（0. 014）	（0. 012）	（0. 011）
Lev		0. 0107	0. 0228	0. 0113	0. 0113
		（0. 020）	（0. 022）	（0. 023）	（0. 022）
ROA			0. 1179 ***	0. 0335	0. 0508
			（0. 023）	（0. 040）	（0. 041）
Cashflow			-0. 0217 *	-0. 0313 **	-0. 0283 **
			（0. 012）	（0. 014）	（0. 013）
Growth				0. 0473 ***	0. 0471 ***
				（0. 012）	（0. 012）
Board				-0. 0118	-0. 0030
				（0. 009）	（0. 008）
Indep					0. 0447
					（0. 064）
Top1					0. 0002
					（0. 034）
TobinQ					-0. 0039 ***
					（0. 001）
Constant	0. 0449 ***	-0. 8278 **	-0. 7979 **	-0. 5643 **	-0. 5198 *
	（0. 001）	（0. 325）	（0. 322）	（0. 253）	（0. 290）
Observations	1128	1128	1128	1128	1128
Numberofgroups	127	127	127	127	127
company	YES	YES	YES	YES	YES
year	YES	YES	YES	YES	YES
F	35813	11192	4870	12319	321. 5

注：括号内容为稳健标准误；*** $p < 0.01$，** $p < 0.05$，* $p < 0.1$。

　　第三，异质性分析。首先，关于规模异质性。考虑到碳排放权交易对于企业投资效率的促进作用可能因企业规模大小而异，我们把期末总资产的对数作为对企业规模大小进行划分的指标，把同一年企业规模中位数当作临界值，把样本划分为大规模企业与中小规模企业两类，并进行分组回归检验。分组回归结果由表 3 - 7 可见，大规模企业的 DID 系数为 - 0. 0132，中小规模企业的 DID 系数为 - 0. 0092，其中大规模企业的 DID 系数显著为负，说明在参与碳排放权交易之后，显著地抑制了大规模企业的非效率投资水平，换言之，提高了大规模企业的投资效率，假设 2 得到了验证。其中，大规模企业的资产收益率显著为正，说明大规模企业的总资产收益率对投资效率的提升更明显。

表 2 - 7　　　　　　　　　　　　企业规模异质性分析

VARIABLES	大规模 Abs_ INV	中小规模 Abs_ INV
DID	- 0. 0132 **	- 0. 0092
	(0. 005)	(0. 008)
Size	0. 0226 **	0. 0205
	(0. 009)	(0. 015)
Lev	0. 0016	0. 0210
	(0. 019)	(0. 032)
ROA	0. 2496 ***	- 0. 0197
	(0. 032)	(0. 042)
Cashflow	- 0. 0522 **	0. 0074
	(0. 023)	(0. 029)
Growth	0. 0432 ***	0. 0507 ***
	(0. 013)	(0. 012)
Board	0. 0135	- 0. 0286 **
	(0. 011)	(0. 013)

续表

VARIABLES	大规模 Abs_ INV	中小规模 Abs_ INV
Indep	0. 0412	0. 0506
	(0. 049)	(0. 081)
Top1	− 0. 0503	0. 0355
	(0. 042)	(0. 047)
TobinQ	− 0. 0137 ***	− 0. 0051 ***
	(0. 002)	(0. 001)
Constant	− 0. 5321 **	− 0. 3689
	(0. 224)	(0. 377)
Observations	564	564
R-squared	0. 198	0. 157
Numberofgroups	62	65
company	YES	YES
year	YES	YES
F	17282	5591

注:括号内容为稳健标准误; ***p<0.01, **p<0.05, *p<0.1

其次,产权异质性分析。国企和民企在体量、市场占有度、创新激励计划等方面有所不同。那么碳排放权交易对企业投资效率的影响可能会因为企业产权性质而异,因此基于企业产权性质视角,将样本分为国有企业和非国有企业,分析碳排放权交易对企业投资效率的提高是否会因产权性质不同而异。结果如表2-8所示。

由国有企业分组回归结果可知,DID 系数为 0.0155,在 1% 的水平上显著为正,表明国有企业参与碳排放权交易之后显著提升了非效率投资水平,即碳排放权交易降低了国有企业的投资效率。从民营企业回归结果来看,DID 系数在 1% 的水平上显著为负,为 − 0.0216,表明非国有企业在参与碳排放权交易之后显著抑制了非效率投资水平,即提高了非国有企业的投资效率。

综合来看，国有企业一般都担负着某些政治任务，具有社会职能，其运作的特点是"维稳"，稳健的经营风格，致使国有企业放弃了部分具有风险的投资项目，导致实施更多的非效率投资行为。相比较而言，民营企业因生存的原因，在技术创新、投资效率提升方面具有强烈的动机与需求。在参与碳排放权交易之后，民营企业的投资效率提升较国有企业更明显，我们的假设3得到了验证。其中，民营企业的成长性在1%的水平下显著为正，表明民营企业的营收增长对企业投资效率有显著的提升作用。

表 2 - 8　　　　　　　　碳排放权交易的产权异质性研究

VARIABLES	国有	非国有
	Abs_ INV	Abs_ INV
DID	0. 0155 ***	− 0. 0216 ***
	(0. 005)	(0. 006)
Size	0. 0215 ***	0. 0257 *
	(0. 004)	(0. 013)
Lev	− 0. 0053	0. 0344
	(0. 016)	(0. 027)
ROA	0. 3153 ***	− 0. 0243
	(0. 034)	(0. 045)
Cashflow	0. 0024	− 0. 0539 ***
	(0. 014)	(0. 020)
Growth	0. 0035	0. 0614 ***
	(0. 004)	(0. 013)
Board	− 0. 0125	− 0. 0232 **
	(0. 015)	(0. 011)
Indep	− 0. 0409	0. 0013
	(0. 038)	(0. 077)

续表

VARIABLES	国有	非国有
	Abs_ INV	Abs_ INV
Top1	0.0794 ***	− 0.0188
	(0.014)	(0.044)
TobinQ	0.0008	− 0.0051 ***
	(0.002)	(0.001)
Constant	− 0.4968 ***	− 0.4658
	(0.071)	(0.329)
Observations	368	760
R-squared	0.134	0.211
Numberofgroups	43	90
company	YES	YES
year	YES	YES
F	346.3	358.7

注: 括号内容为稳健标准误; *** $p < 0.01$, ** $p < 0.05$, * $p < 0.1$。

第四, 调节效应。表 2 - 9 展示了碳排放权交易对企业投资效率的影响与企业社会责任的调节效应。结果显示: 碳排放权交易和企业社会责任的交互项系数为 0.0797, 在 1% 的水平下显著为正, 这说明在所选企业样本中, 随着企业社会责任的提高会对投资效率的提升产生影响, DID 会降低企业非效率投资, 提高企业的投资效率, 但是企业社会责任会弱化投资效率的提高。这是因为企业是以盈利为目标的组织机构, 没有形成报酬获取, 仅承担成本费用, 这一经济行为明显与 "理性的经济人" 假说不符, 即随着企业社会责任的提升会对企业投资效率有逆向的调节效应, 验证了假设 4 的成立。

表 2 - 9 调节效应分析

VARIABLES	Abs_ INV
DID	− 0. 0292 ***
	(0. 004)
DID_ csr	0. 0797 ***
	(0. 015)
csr	− 0. 0112 **
	(0. 004)
Size	0. 0244 **
	(0. 011)
Lev	0. 0120
	(0. 022)
ROA	0. 0512
	(0. 039)
Cashflow	− 0. 0272 **
	(0. 013)
Growth	0. 0472 ***
	(0. 012)
Board	− 0. 0027
	(0. 007)
Indep	0. 0453
	(0. 062)
Top1	− 0. 0051
	(0. 034)
TobinQ	− 0. 0038 ***
	(0. 001)
Constant	− 0. 5269 *
	(0. 284)
Observations	1 , 128
R-squared	0. 162

续表

VARIABLES	Abs_ INV
Numberofgroups	127
company	YES
year	YES
F	1942

注：括号内容为稳健标准误；*** p < 0.01，** p < 0.05，* p < 0.1。

（四）稳健性检验

为了确保实证结果的可信度，我们用平衡趋势性检验和安慰剂检验以及对 PSM 匹配后的样本进行回归的方法进行了稳健性检验。平衡趋势性检验可以分析不同变量之间的关系，还可以用来检验不同组别间的差异是否与时间变化的趋势有关。安慰剂检验，即使用假的政策发生时间或实验组进行分析，来检验政策效应是否可靠。如果将政策时间提前或延后，政策效果依然显著，则表明得出的结论并不准确。

第一，平行趋势检验。它是 DID 法的最基本假设也是使用 DID 法的必要条件。在政策事件发生前，处理组和控制组的变化应趋同。反之，若处理组和控制组在政策发生前就存在差异，很可能存在其他因素对被解释变量产生影响，那么就不能通过双重差分法回归得出政策的净效应。

为了检验参与碳排放权交易试点企业的非效率投资水平是否在2013 年之前就有下降的趋势，我们生成了政策发生前 3 期与后 7 期的实验组与时间的虚拟变量，进行回归分析后，结果表明代表政策发生前的虚拟变量均不显著，表明政策发生前实验组与对照组的因变量变化满足平行趋势。双重差分平行趋势如图 2 - 5 所示。结果显示，在 95% 的置信区间内，在企业参加碳排放权交易试点之前（pre_ 3 至 pre_ 1），也就是 2010—2012 年，不存在显著的差异；而在企业开始参与碳排放权交易之后（post_ 1 至 post_ 7），也就是 2014—2020 年，存在着显著的差异，且随着时间因变量呈负相关关系，表明企业参与碳排放权交易试点之后，企业的非效率投资产生了明显的降低。

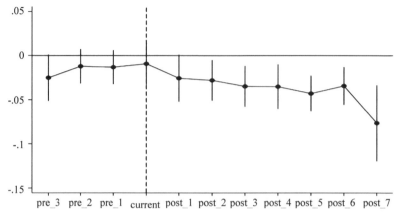

图 2 - 5　平行趋势检验法：图例法

第二，PSM-DID 稳健性检验。为提高样本质量以及增加结论的稳定性，控制内生性问题，沈冰等（2022）采用近邻匹配法，进行 1∶1 的近邻匹配。通过对匹配后的样本数据进行回归得到了更为准确的结果。实证结果如表 2 - 10 所示，碳排放权交易（DID）估计系数为 - 0.0081，在 1% 的统计水平上依然显著为负。这说明，在进行倾向得分匹配之后，我们的结论仍然稳定，验证了企业参与碳排放权交易能够提高投资效率的结论，增加了假设 1 的稳健性。

表 2 - 10　　　　　　　　　　PSM-DID 稳健性检验结果

VARIABLES	(1)	(2)
	Abs_ INV	Abs_ INV
DID	- 0.0088 **	- 0.0081 ***
	(0.004)	(0.003)
Size		0.0044
		(0.003)

续表

VARIABLES	(1) Abs_ INV	(2) Abs_ INV
Lev		0. 0428 ***
		(0. 013)
ROA		0. 2587 ***
		(0. 032)
Cashflow		− 0. 0564 ***
		(0. 011)
Growth		− 0. 0002
		(0. 002)
Board		− 0. 0239 **
		(0. 012)
Indep		0. 0592 **
		(0. 024)
Top1		0. 0367 *
		(0. 019)
TobinQ		− 0. 0008
		(0. 001)
Constant	0. 0446 ***	− 0. 0727
	(0. 003)	(0. 054)
Observations	773	773
R-squared	0. 0292	0. 0686
Numberofgroups	127	127
company	YES	YES
year	YES	YES
F	7147	35. 16

注：括号内容为稳健标准误；*** $p < 0.01$，** $p < 0.05$，* $p < 0.1$。

　　第三，安慰剂检验。以上实证结果表明，碳排放交易试点显著地提高企业投资效率，为减少其他潜在变量在 DID 和投资效率关系中的作用，使用安慰剂方法来检验稳健性。我们参考吕越等（2019）、黄俊威和龚光明（2019）的做法，将碳排放权交易试点冲击提前了 2 年和 3 年，并作为新的"试点时间"，由虚假的试点时间和实验组虚拟变量交互构成新的 DID 变量来检验稳健性，检验结果见表 2 − 11。由表可知，政策时间提前 2 年和政策时间提前 3 年的 DID 系数分别为 0.0070 和 0.0125 均不显著。这说明我们实证结果较为稳健，支持了前文研究结论，假设 1 得到了进一步的验证。

表 2 − 11　　　　　　　　　　　　安慰剂检验

VARIABLES	试点提前 2 年	试点提前 3 年
	Abs_ INV	Abs_ INV
DID2	0.0070	
	(0.006)	
DID3		0.0125
		(0.010)
Size	0.0237 **	0.0238
	(0.011)	(0.016)
Lev	0.0095	0.0102
	(0.022)	(0.029)
ROA	0.0504	0.0507
	(0.042)	(0.057)
Cashflow	− 0.0285 **	− 0.0283
	(0.014)	(0.018)
Growth	0.0473 ***	0.0472 ***
	(0.012)	(0.017)
Board	− 0.0008	− 0.0015
	(0.007)	(0.009)

续表

VARIABLES	试点提前 2 年	试点提前 3 年
	Abs_ INV	Abs_ INV
Indep	0.0543	0.0538
	(0.063)	(0.075)
Top1	0.0079	0.0066
	(0.034)	(0.046)
TobinQ	-0.0037^{***}	-0.0038^{***}
	(0.001)	(0.001)
Constant	-0.5316^{*}	-0.5334
	(0.289)	(0.397)
Observations	1,128	1,128
R-squared	0.156	0.156
Numberofgroups	127	127
company	YES	YES
year	YES	YES
F	592.1	197.9

注：括号内容为稳健标准误；$***\ p < 0.01$，$**\ p < 0.05$，$*\ p < 0.1$。

七　研究结论与政策建议

（一）研究结论

我们首先对国内外有关碳排放权交易影响企业投资效率研究方面的文献进行了整理，并对相关理论进行了回顾。其次，考察了深圳碳市场发展的实施特征。再次，我们对碳排放权交易影响企业投资效率的有效性进行了实证研究，选取 2010—2021 年 A 股上市并参与深排所碳排放权试点交易的深圳企业的有关数据，运用 Richardson 的投资效率模型对企业投资效率进行了测度，选择代表性企业规模、资产收益率和其他指标被用作控制变量加以讨论，利用 STATA 软件及 PSM-DID 的方法对深圳试点地区碳排放权交易市场进行实证分析，探究了深市 A 股挂牌企业中碳排放权交易和企业投资效率之间的关系，并进而分析碳排放权交易因企业产权性质、企业规模等差异对企业投资效率的不同影响。最后，分析研究了企业社会责任在碳排放权交易影响企业投资效率过程中所起的调节作用。本文研究得到的结论如下。

第一，碳排放权交易对提高企业投资效率有良好的推动作用，其本质是减少企业低效投资行为，继而提高投资效率。在越来越多的低碳政策的推行和制度的建设，企业也越来越注重自身低碳发展，更多的选择低排放、环保的项目。在此情况下，激励企业进行技术创新，给企业减少了控排成本，甚至带来了盈利。从长远看，碳排放权交易涉及企业以碳减排获得碳信用，一方面，靠交易获得盈利；另一方面，也引起了投资者对商家的关注。当企业自有资本充分时，管理者选择有利于企业发展的项目作为投资对象，由此减少了无效率投资，进而提高了企业投资效率。

第二，从企业规模的异质性来看，与中小规模相比，碳排放权交易对于大规模企业的投资效率改善更为显著。其原因在于：碳排放权交易制度作为市场机制，与小规模企业比较，大规模企业边际减排成本低，比较容易得到预期的回报，小规模企业由于企业规模和资金的限制，减排信心不足，只能被动地接受减排的任务。

第三，从企业产权的异质性来看，碳排放权交易对民营企业非效率投资具有显著的抑制作用，推动民营企业投资效率提升。受特殊政治任务与社会职能制约，稳健的投资风格及相对缺乏弹性的企业制度，使得国有企业投资效率的提高滞后于民营企业。

第四，企业社会责任对碳排放权交易影响企业投资效率具有逆向调节效应，也就是伴随着企业社会责任不断增强，将削弱企业投资效率的提高。企业是以盈利为目标的组织机构，没有形成报酬获取，仅承担成本费用，这一经济行为明显与"理性的经济人"假说不符，所以履行社会责任，可能就是企业为树立良好的形象而进行的自我宣传，掩盖管理层自利，掏空股东利益，属于机会主义动机。

（二）政策建议

第一，积极推动碳排放权交易相关法律的完善。政府应当积极完善碳排放权立法，健全碳排放权交易市场，就必须要有法律、配套制度的支持与后续。首先是加快碳排放权相关法律的立法、设立相应的行政法规，积极推动相关法律的制定，为碳排放配额分配制度及碳排放权监管和惩戒的方式方法提供了法律上的支持。其次是对碳金融的相关制度与立法工作进行完善，针对碳金融的创新项目（如碳借贷、碳投融资及碳衍生产品交易等）提供制度上和法律上的支持。

第二，健全碳排放权市场的分配与交易规则。一方面，要完善行业和企业准入规则，加快全国碳市场的覆盖行业，尽早将水泥、石化等高污染、高排放的行业纳入全国碳市场。同时，针对企业产权和规模的不同，同时兼顾地区的经济发展水平、产业结构、资源条件的差异等，针对不同的地区、不同的行业，制定了相应的设置配额标准，保证整体的公平。另一方面，对总量设定和分配规则进行改进。对企业的碳排放进行密切监测，适时根据具体情况进行调整。就分配规则而言，具体要加快碳排放配额由无偿分配向有偿分配的过渡。利用市场"看不见的手"，充分发挥碳市场的作用，有利于激励企业进行技术创新，也可有效减少配额分配中的寻租问题。总的来说，加快总量制定标准、制定合理的配额分配标准，不断提高配额分配的科学性，健全全国碳市场制度。

第三，企业自身要积极参加碳排放权交易，积极响应环境规制政策。在环境保护形势越来越严峻的情况下，企业要充分认识到自身对经济增长与生态环境之间关系的重要性，将其纳入公司治理结构，并加强对环保问题的重视程度。各行业要对高污染排放行为进行利弊综合权衡。企业在经营过程中应加强对碳减排活动的管理，将节能减排作为企业长期目标之一，并制定相应的激励措施以实现这一目标。企业必须以长远观点谋划公司发展战略，做出理性的环保决策，积极开展技术革新，借此来提高内部资源的使用效率，也进一步地降低碳排放量。碳排放权交易市场是目前国际上普遍采用的一种环境规制措施，它能有效促进节能减排，实现低碳经济。在碳达峰和碳中和的目标下，企业要积极响应政府的号召，建立正确的环保理念，参与环境保护，肩负社会责任，以技术创新的方式，不断提高生产技术，提升了资源使用效率。引入碳排放权交易制度，有利于促进企业长期投资效率，企业还可以通过与碳排放权有关的交易来获取额外经济效益，继而促进企业持续发展。

第四，进一步完善和发展深圳碳排放权交易市场。深圳碳市场从建立到2023年，目前其"金融属性"尚未完全实现，存在着与全国的碳排放权交易市场的衔接机制不明等问题。深圳碳市场需要完善市场规范，进一步规范碳排放权交易活动，加强交易活动的监管。此外，深圳碳市场还需要优化配额管理制度，优化配额总量确定和分配流程，提高管理效率。最后，深圳碳市场需要加强与其他碳排放权交易市场的合作，随着全国碳排放权交易市场的扩大，地方碳排放权交易市场份额会逐渐减少，深圳碳市场规模较小，应该探索自己的发展方向，加强与其他先进碳市场的合作，借鉴国际碳市场的发展经验，继续为全国碳市场提供经验。

第三章　绿色金融如何赋能我国
钢铁行业的低碳转型？

内容提要：钢铁行业每年的碳排放占全国总量的份额较大，是中国制造业各门类中碳排放量最大的行业之一，因此亟须实现低碳转型。党的十九大报告指出："绿色金融能够更好的推动实体经济走向新的发展阶段。"因此，分析绿色金融对我国钢铁行业低碳转型的影响机制与影响效果，具有重要的研究意义。我们采用全国 29 个省份 2011 年至 2020 年的数据，利用熵权法、Super-SBM 模型对各省份的绿色金融发展以及钢铁行业低碳转型水平进行测度，并测算绿色金融对钢铁行业总体及不同区域低碳转型的影响效果，同时进一步探讨绿色金融对钢铁行业低碳转型的影响机制，明确绿色金融对钢铁行业低碳转型的影响作用。根据研究结论，从完善绿色金融体系等四个方面提出针对性政策建议。

关键词：绿色金融；钢铁行业；低碳转型；影响

在我国的工业体系之中，钢铁行业是当之无愧的支柱性行业，行业产量连续二十五年雄踞世界第一。2020 年，我国钢铁行业总产值达 7.3 万亿元，并且其总产值在 2011 年至 2020 年基本保持 10% 左右的 GDP 占比，为推动我国工业化、现代化进程和国民经济飞速发展作出了突出贡献。在我国提出高质量发展战略和绿色低碳的环保发展理念的背景下，实现钢铁行业的低碳转型是我国实现高质量经济发展的重要举措和必经阶段。

习近平总书记指出，发展绿色金融是构建高质量现代化经济体系的必然要求，是解决污染问题的根本之策。

钢铁行业在超低排放改造、低碳技术研发及环保设备升级等方面都需要投入巨额资金来实现所要达到的低碳转型目标，绿色金融可以很好地实施匹配。《绿色债券支持项目目录（2021年版）》中对债券支持项目进行科学精准定位，其中钢铁行业转型所需的节能炉、固体废物循环利用技术、清洁生产、碳捕集技术等都被纳入支持范围①。这些绿色金融政策为钢铁行业等制造业开发低碳创新技术、发展清洁项目提供了新的资金后盾和融资渠道，有利于加快钢铁行业低碳转型的步伐。2021年，中国工业和信息化部、人民银行、银保监会和证监会联合颁布的《关于加强产融合作推动工业绿色发展的指导意见》（以下简称《意见》）中指出："到2025年，推动工业绿色发展的产融合作机制基本成熟，符合工业特色和需求的绿色金融标准体系更加完善，工业企业绿色信息披露机制更加健全，产融合作平台服务进一步优化，支持工业绿色发展的金融产品和服务更加丰富，各类要素资源向绿色低碳领域不断聚集，力争金融重点支持的工业企业成为碳减排标杆，有力支撑实现碳达峰、碳中和目标，保障产业与金融共享绿色发展成果、人民共享工业文明与生态文明和谐共生的美好生活……规范统一绿色金融标准，完善绿色债券等评估认证标准，健全支持工业绿色发展的绿色金融标准体系，积极发挥绿色金融在工业转型中的推动作用。"②《意见》强调了绿色金融在工业低碳转型中的重要地位，指明工业在进行高质量改造时应积极吸收绿色金融带来的效益和便利，加快我国经济的绿色化转型。由此可见，绿色金融在钢铁行业低碳转型中有着不可忽视且强力的推动作用，钢铁行业也要积极利用绿色金融工具为自身绿色低碳化转型服务。基于此，将绿色金融作为核心解释变量引入计量经济模型，探讨其对钢铁行

---

① http://www.gov.cn/zhengce/zhengceku/2021-04/22/5601284/files/48dd95604d58442da1214c019b24228f.pdf.

② http://www.gov.cn/zhengce/zhengceku/2021-11/06/content_5649400.htm.

业低碳转型的影响机理及影响效果，不仅有利于丰富现有的绿色金融理论及绿色金融影响高碳行业低碳转型的相关理论，而且有利于我国制定针对钢铁行业低碳转型的相关政策并进一步组织实施。

　　该项研究的边际贡献有两个方面。一是研究视角的扩展。在绿色壁垒频发的背景下，绿色金融对出口钢铁企业的帮助和扶持也是其促进行业低碳转型的重要体现，但鲜有文献将绿色金融、钢铁行业转型效率、钢铁行业出口规模置于同一框架下进行研究。我们研究了钢铁行业出口规模对绿色金融和钢铁行业低碳转型之间关系的调节作用，回答了钢铁行业在进行对外贸易交流时，绿色金融对其整体行业低碳转型的作用效果。二是研究思路的拓展。我们在现有研究的基础上，采用整体的绿色金融发展水平来评估绿色金融对钢铁行业低碳转型的影响，实现了研究思路和研究视角的拓展创新。

一　相关文献梳理与评述

　　第一，绿色金融、功效及其发展水平的测度。"绿色金融是指为支持环境改善、应对气候变化和资源节约高效利用的经济活动，即对环保、节能、清洁能源、绿色交通、绿色建筑等领域的项目投融资、项目运营、风险管理等所提供的金融服务①。"它是在原有金融基础上的一种模式创新，通过向绿色化、低碳化的环境友好型项目的不断倾斜而实现社会整体的低碳化转型，是我国实现新常态经济发展目标的重要主体。对于企业而言，金融是其维持社会责任感的基本约束和保证，而绿色金融能够在其保证责任心的同时进一步加强企业绿色环保意识和环境责任感（Scholtens，2006）。绿色金融政策能够明显削弱重污染企业相较于其他企业在债务融资方面的竞争力（Liu et al.，2019），所以高污染企业的资金流向会受到绿色金融政策的规制和引导，从而致力于提高

---

① http：//www. gov. cn/xinwen/2016 – 09/01/content_ 5104132. htm.

企业内部的绿色化水平（苏冬蔚和连莉莉，2018）。对于金融机构而言，绿色金融的特性能使其在进行金融资源配置时纳入环境因素，促进金融资源向环境友好型企业流动（刘锡良和文书洋，2019）。绿色金融发展能够带来资源高效率利用、可持续发展及产业结构优化等积极影响（Linnenhiecke et al.，2016；Shahbaz et al.，2020；周琛影等，2021；刘华珂和何春，2021）。绿色金融能够有效实现经济增长与生态效益的双赢（Zhou et al.，2020）。

关于绿色金融发展水平，人们分别从资金供给端、资金需求端、绿色金融工具构成三个角度作出了测度。在资金供给端，Clark 等（2018）分别从银行机构总量、占比、绿色贷款规模、余额等因素入手，并在此基础上参照赤道原则对绿色金融发展水平进行了测算；也有学者针对绿色金融功能，采用地方用于污染治理的总额占该地区对银行的总贷款额比重来衡量测算对象的绿色金融发展水平（黄建欢，2018）。在资金需求端，张莉莉等（2018）利用绿色相关上市企业和新三板企业的绿色企业投入和产出数据，对我国各个省份的绿色金融发展水平和效率进行了测算。也有学者采用绿色类上市公司的财务投入进行综合分析，以此来表现公司的绿色金融发展水平（Zhou et al.，2020）。从绿色金融的组成工具看，绿色金融的不断发展细化催生了多种产品的出现，很多学者便从绿色金融工具和产品的构成角度来构建评价体系。李晓西等（2015）学者用绿色信贷、绿色债券、绿色保险、绿色投资和碳金融五个二级指标构建了绿色金融体系，采用熵权法进行权重分配和计算，将最终得到的结果视为研究对象的绿色金融发展水平。吕鲲等（2022）将政府支持纳入绿色金融的综合指标体系，采用绿色信贷、绿色保险、绿色投资和政府支持对绿色金融发展水平进行衡量。

第二，钢铁行业低碳转型的相关研究。关于钢铁行业低碳转型的影响因素，一是技术创新与进步。郑明月（2022）认为，绿色低碳技术创新发展是钢铁产业实现整体低碳转型的重要路径和实现方式。二是政策制度因素。王喜平和王素静（2022）指出，绿色政策能够更加具有针对性的对钢铁行业的能源使用强度、能源结构及低碳技术创新进行规制，以此来提高钢铁行业碳排放效率的提高。关于钢铁行业低碳转型水平的测度，彭星等（2015）以节能减排、结构优化、发展转型和绿色创新为一级指标并扩展至27个三级指标来构建工业绿色转型评价指标。进一步，有研究将资本投入、能源消耗等视为投入要素，将"三废"排放（谭玲玲和肖双，2018）或碳排放（周小亮和宋立，2022）视为非期望产出来衡量测算对象的低碳绿色转型水平。后续研究在此基础上不断丰富考察内容，将资源和环境污染排放纳入考察评价体系，尝试构建包含劳动力、能源、资产投入、非期望环境要素产出的指标体系来测算工业转型绿色效率（陈瑶，2018；魏建和黄晓光，2021）。

第三，绿色金融影响钢铁行业低碳转型的相关研究。关于绿色金融对钢铁行业低碳转型的影响，常杪等（2010）认为，商业银行可以通过绿色信贷总量控制、限额管理和绿色项目筛选等方法帮助和指引钢铁行业发展绿色减排技术并完善生产过程中的资源配置来实现钢铁行业的低碳转型效果。除了商业银行等金融机构，社会投资也是发挥绿色金融引导作用的重要主体，Flammer（2021）在针对绿色债券的研究中发现，投资者对于企业是否发出环境友好类信息比较敏感，尤其是重污染排放企业，通过发行绿色债券向市场传递的环境责任承诺相较于绿色环保产业更能够得到投资者的重视和青睐。王宏涛等（2022）认为，商业银行能够在开展绿色信贷的过程中发挥其足够的绿色激励作用，此时想要扩大污染的企业往往会在与商业银行的融资往来中处于被动地位。还有学者认为，当绿色金融发展水平越过门槛后，有可能借助其原有资金在经验基础上对整体的转型效果发挥更强劲的作用（郭希宇，2022；Lee and Lee，2022）。关于绿色金融对钢铁行业低碳转型的影响机制，一是体现在技术创新效应上。研究认为绿色金融助推绿色低碳技术发展产生的红利能够对绿色金融的发展进行反馈（孙畅等，2021），绿色技术研发投入的增加会推进企业生产能力和效率的进步，促进企业在接受绿色资金的融资研判时获得更高评价，促进企业进行绿色低碳转型（余一枫和刘慧宏，2022）。二是体现在环境规制效应上。韩钰和臧传琴（2020）认为，环境政策的规制作用和绿色金融带来的外部经济刺激能够更好地实现污染型产业进行高级化转型（张婷等，2022）。三是体现在出口规模效应上。在竞争激烈的贸易环境中，出口行为能够通过绿色贸易壁垒倒逼效应（李静等，2023）、出口学习效应（徐欣和夏芸，2022）、规模经济效应等行为共同刺激出口企业积极发展企业内部绿色技术及其创新水平的提升，加快企业的低碳转型步伐，并且在金融生态良好的环境下显示出更强的作用（武力超等，2022）。

第四，文献评述。通过系统梳理绿色金融与钢铁行业低碳转型的内涵、测度以及二者之间关系的相关文献，我们可以发现，现阶段对绿色金融的研究已经取得一定成果，绿色金融在推动低碳化转型方面的积极作用已经成了学者的共识，绿色金融能够通过资金、政策支持助推低碳技术和环保项目的发展，并对高污染和不愿转型的企业形成倒逼作用，从而实现钢铁行业整体的低碳转型。现有研究指出，绿色技术、环境规制都能够在绿色金融推进低碳转型中发挥传导效应。尽管目前关于绿色金融对钢铁行业低碳转型的影响研究较少，但上述文献关于绿色金融影响高碳行业、污染企业低碳转型的作用机制的研究为我们提供了重要借鉴。考虑到钢铁行业的重要战略地位和转型的紧迫性，准确识别并分析绿色金融对钢铁行业低碳转型的影响机制对我国实现低碳经济发展目标至关重要。因此，我们以钢铁行业低碳转型水平为研究对象，同时构建绿色金融发展指数，研究绿色金融对钢铁行业低碳转型的影响，并且利用理论分析从不同角度阐述绿色金融对钢铁行业低碳转型的直接影响机制与其他影响机制，最后通过实证分析检验研究内容的科学性和准确性，以期强化绿色金融影响钢铁行业低碳转型的理论意义与现实意义。

二　绿色金融影响钢铁行业低碳转型的机制分析与假设

（一）绿色金融影响钢铁行业低碳转型的机制分析与假设

第一，绿色金融能够有效发挥信号导向和资金导向作用。在市场交易中，信息透明度高低是影响交易能否成功的重要因素。作为典型的传统高耗能行业，钢铁行业在进行低碳转型时面临的技术升级路径和生产产品种类比较复杂，并且与其面临的现实约束条件相比绿色行业也更为严苛。政府和金融机构想要在绿色浪潮中寻找有价值的低碳转型项目并对其进行融资支持，往往需要承担高昂的信息费用。绿色金融资本能够很好地利用资金和信号的引导功能提高市场信息的透明度。一方面，钢铁行业属于国家的战略性行业，具有很强的政策敏感性，在绿色金融政策频出的背景下，行业内的企业会选择通过良好的污染治理行为主动实施绿色转型；同时积极履行环境生态社会责任，提高企业的社会地位并打造良好的企业声誉，还会主动提高自身的信息透明度、向社会公布年度 ESG 社会责任报告以此增加投资者对企业的信任和了解（王康仕等，2019）。另一方面，绿色金融资本相较于政府有更加灵活、高效率的信息传递功能，其对企业的低碳转型路径和污染排放信息判断成本远低于政府机构，并不需要频繁颁布政策或强力执行等行为获取企业的投资价值和信息。以绿色投资为例，绿色投资在进行低碳技术投资和资金引导时会在市场中直接形成投融资信号，此时正处于投资洼地亟须寻找投资出路的民间资本会追随市场投资路径，加强对高污染企业的清洁项目和技术创新的投资支持，以低成本完成信号的传递和引导。并且绿色投资在运行过程中能够兼顾企业的环境效益和经营绩效，相较于政府强制性的政策实施，绿色投资更为灵活（任亚运等，2023）。

第二，绿色金融能够有效发挥市场竞争与淘汰机制。钢铁行业作为制造业中的重要战略行业，对转型资金的需求十分庞大，有限的财政资金与行业低碳转型的巨额资金需求极度不匹配，甚至一些长期依靠政府补贴的钢铁企业很有可能产生补贴路径依赖等问题。因此，企业不得不将融资需求转移到市场中，绿色金融资本通过甄别企业的环境效益和经济效益，对具有发展潜力和低碳转型潜力的钢铁企业进行大力的资金支持，同时削减甚至切断对缺乏环境效益和经济效益钢铁企业的投资，当行业内部分企业致力于进行低碳转型并获得竞争优势时，其他企业就会在这种形式的逼迫下也投入转型潮流中（Zhu et al.，2011）。企业想要获得绿色金融投资，就必须从市场竞争中脱颖而出，并且绿色金融资本具有期限长、利息低等特点，该类资本对企业的吸引力极强。同时，绿色金融资本还能发挥市场的"淘汰机制"，在钢铁行业中，国有企业占比极高，该类企业长期受政府补贴以维系运营，内部结构僵化，转型动力不高，是阻碍行业进行低碳转型的重要原因。即使政府不断出台关于污染的惩罚措施，但相较于粗放生产带来的收益，惩罚措施给企业带来的损失不值一提，政府政策的规制作用有限（谷立霞等，2011）。但是绿色金融资本能够放大企业污染生产带来的损失，更好地发挥其绿色效应。具体而言，市场上现存的绿色现金流能够通过市场信号的传导选择具有发展优势和绿色环保责任感的企业进行投资，推进该类企业发展，提高其竞争力，从而挤出落后产能企业和重污染排放企业，巨额破产成本会作为隐形炸弹督促企业进行绿色转型，以形成良好的淘汰竞争机制，激发企业的绿色竞争意识，从而促进钢铁行业整体的低碳转型。

第三，绿色金融能够发挥风险管理效应。在企业实施低碳转型过程中，存在着因气候政策、技术、市场情绪等发生变化，导致资产价格变动的风险。钢铁行业的转型风险表现为，因采取治理污染、减少排放等措施所带来的利润亏损、过度管理等情况，这类风险是完成转型必须面临且必须偿付的代价，但由于高碳行业低碳转型具有回报周期长、未来收益模糊等特点，更多的企业会因不愿独自承担投资失败的风险而放弃有助于转型的投资（董宁，2022）。针对这一问题，金融机构自有的风险管理能力便显现出来,一方面,金融机构可以连续跟踪绿色低碳转型项目进程,定期对钢铁企业的转型表现、绩效评估和项目运营风险进行评估,尽可能避免企业在转型过程中出现偏离绿色合理航道、不合理支出等问题,帮助企业实现低碳安全转型,同时对转型失败的项目主体实行风险共担机制,缓解其资金周转难题。另一方面,金融本身的风险分散性就已经决定了投资主体在分配资金过程中一定会将资金投入具有不同风险特征、不同周期、不同收益特性的低碳项目中,这种行为本身就是一种风险分摊,并且通过竞争和审批后得到投资的企业在市场中便有了"绿色低碳"的品牌加持,追求环保理念的消费者和投资者会进一步加大对该企业的支持,从而提高企业在市场中的竞争力和市场份额,以此加强企业的绿色投资意向,并获得雄厚的资金支持。

综上所述,绿色金融可以通过发挥资金与信号导向机制、市场竞争与淘汰机制和风险管理效应推动钢铁行业转型,其传导机制见图3-1。

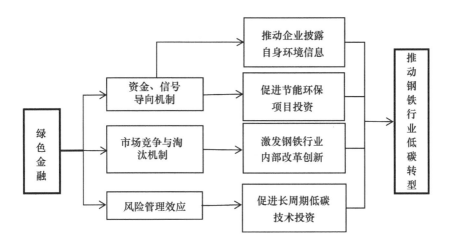

图3-1 绿色金融促进钢铁行业低碳转型的传导机制

基于上述分析,我们提出第1个假设。

假设1:绿色金融的发展能够显著促进钢铁行业低碳转型效率的提高。

严格来看，钢铁行业的整体转型涉及的项目和所需时长相较于绿色环保等新兴产业更庞大、更漫长，甚至一些钢铁行业的转型效果需要几年时间才能显现出来，这就会形成绿色金融资金先出发，但几年后甚至十几年后才能得到影响个体的转型效果反馈的现象，同一期间内绿色金融付出与钢铁行业的转型回报并不一致，短期内无法得到想要的预期成果进行测量。此外，金融机构和各地政府为了更快地完成绿色指标和减少投资风险，投融资主体还是倾向于将绿色资金流向小规模易转型行业来展现金融机构的绿色责任担当和优秀的投资回报率，以便营造良好的融资能力形象，相对于钢铁这种"两高一剩"行业来说，支持力度还未达到高峰，因此在其发展过程中可能会减弱对钢铁这类高碳行业的低碳转型影响力度（朱广印和王思敏，2022）。

基于上述分析，我们提出第 2 个假设。

假设 2：绿色金融对钢铁行业低碳转型的影响具有非线性特征。

（二）绿色金融影响钢铁行业低碳转型的异质性分析与假设

钢铁行业的产量变化对整个制造业的结构变化和转型进程都有着巨大的影响，基于钢铁行业的生产特性，该行业产量的增加必然伴随着大量的碳排放，2022 年 9 月《财经》发布的《中国百家上市公司碳排放榜（2022）》的数据显示，钢铁行业是中国碳排放三大主要行业之一。我国钢材的产量有着明显的区域差异特征（如图 3 – 2 所示），2022 年河北省的钢材产量为 3 亿吨，处于断层领先状态，其产量约等于第二名江苏省产量的二倍。总体来看，全国仅有河北省、江苏省、山东省、辽宁省、山西省和天津市 6 个省市年产量在五千万吨之上，其余省份均低于该值。探究以河北为首的高产量地区钢铁行业低碳转型成果，加大绿色金融对这部分地区的支持和规制，加大对行业的减排力度，对实现我国区域高效的大气污染治理，实现经济与环境的和谐发展具有重要意义（李新等，2020）。从地理位置上看，高钢铁产量地区多集中于中东部地区，这部分地区有着相对优越的地理位置，掌握着全国大部分的金融资源和人才资源，能够有效地发展该区域的低碳绿色技术，刺激区域内钢铁行业的转型发展，再加上一系列优先发展的政策倾斜，区域内迎合绿色消费潮流的钢铁企业会更容易得到绿色金融的支持。这些省份的钢铁行业发展已形成良好成熟的运行体系，对其他省份的钢铁行业发展有着引导和带头作用，并且钢铁行业的产业链涉及范围十分广泛，对其他关联产业的生产运营也有着重要的影响。

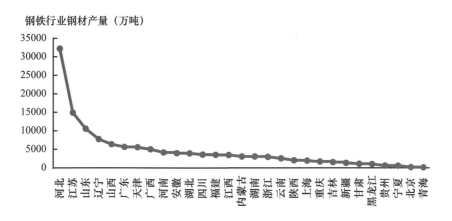

图 3 - 2　2022 年中国各省份钢材产量

数据来源：根据国家统计局官网信息整理。

在绿色金融实施过程中，实力雄厚的钢铁企业基于其运营安全性和经营规模性会更加容易获得绿色金融的青睐（郑明月，2022），这部分企业会利用所得资金首先进行内部低碳化、绿色化改造，生产出来的高品质绿色钢材能够带动下游钢铁加工行业围绕绿色钢铁产品进行更深一步的绿色发展。在消费者绿色意识不断提升的背景下，这部分产品会提高企业在市场的竞争水平和地位，进一步扩大其在市场中的份额，提高整个市场的绿色竞争和绿色生产意识。整体钢铁行业生产规模小的省份即便会因受到当地绿色政策的支持不断提高其内部行业低碳转型水平，但相较于大规模钢铁企业生产带来的规模效应，绿色金融对钢铁生产规模较小的省份内钢铁行业低碳转型的影响水平还是较弱。

基于上述分析，我们提出第 3 个假设。

假设 3：绿色金融对大规模钢材产量的省份内钢铁行业低碳转型的促进作用更显著。

（三）绿色金融影响钢铁行业低碳转型的调节机制分析与假设

第一，绿色技术创新效应。从生产角度来说，技术是第一生产力。我国钢铁工业的生产流程特点是导致我国钢铁行业碳排放水平居高不下的根本原因，解决钢铁行业低碳转型也必须将清洁生产技术、碳减排和碳捕集等技术发展放在首位。但相对于传统技术来说，绿色技术存在前期投入资金大、中期成长周期长、后期收益回报晚等问题，与市场所期望的低成本、高回报的投资逻辑相悖（庄芹芹等，2020）。融资申请的困难会导致企业内部对绿色技术的投资意愿减弱，必须借助外部激励才能使企业产生动力进行创新。2019 年 4 月，国家发展改革委、科技部联合印发的《关于构建市场导向的绿色技术创新体系的指导意见》，对构建绿色技术创新体系提出了明确的总体要求和具体措施。这一政策为绿色技术创新提供了转型保障和发展基础，但缺乏资金动力无法从根本上刺激企业对技术的创新热情，绿色金融便很好地弥补了这一短板。2021 年 4 月 2 日中国人民银行、发展改革委、证监会联合发布的《绿色债券支持项目目录（2021 年版）》，对工业节能改造、固体废物回收、碳捕集等技术给予明确支持，进一步加强了绿色金融对低碳技术的影响。

同时，绿色技术的发展能够进一步帮助绿色金融发挥作用（孙畅等，2021）。从钢铁行业内部来看，一方面，绿色技术的发展能够有效降低绿色金融投资失败的可能性和低碳转型中的运行风险，提高被投资项目的投入—收益比例；另一方面，绿色技术的研发、成果转化能够催生绿色金融工具的创新和投资领域的扩大，而技术发展程度高的企业也更容易受到绿色金融的投资青睐，让各类金融机构与钢铁企业之间进行深度融合，加快钢铁行业低碳转型步伐。从钢铁行业外部来看，绿色技术是绿色金融投资的风向标，各钢铁企业为了扩大市场份额、迎合消费者喜好，会自主加大对绿色技术的投入与研发，以期获得绿色金融的资金支持，从而加快行业的低碳转型进程。

基于上述分析，我们提出第4个假设。

假设4：绿色技术创新在绿色金融促进钢铁行业低碳转型的过程中发挥着调节作用。绿色技术水平的提高能够提升绿色金融对钢铁行业低碳转型的促进作用。

第二，出口规模效应。随着世界各地环保意识的兴起，为了保护本国产业更好的发展，国际贸易间显性或隐性的绿色壁垒限制政策层出不穷，再加上我国仍属于发展中国家，在面对绿色壁垒的标准时往往扮演政策的被动接受者。中国是钢材出口大国，2021年中国的钢材生产量约为13.37亿吨，占据世界钢材总产量一半以上；钢材出口量约为0.67亿吨，占世界钢材总出口量的14.6%左右[①]。可见，钢材是我国重要的出口贸易大宗商品，也是拉动经济增长的重要动力，我国必须立足国情完成钢铁行业的高质量低碳发展，减弱绿色壁垒带来的副作用。绿色金融是政策与金融相结合的产物，以绿色信贷为例，这类金融产品的发放标准是金融机构在衡量企业的经济效益和风险承担的基础上进一步考虑企业在生产过程中的环境生态效益，兼顾市场型规制和自愿行动规制（Hu et al.，2021），钢铁企业在出口业务往来中，出口规模的大小能够直观反映其国际竞争力和竞争效益，大规模出口企业更能得到绿色投资的青睐和绿色金融资金的主动倾斜，从而进一步推动企业的清洁发展（马妍妍和俞毛毛，2020）。

在未来，我国钢铁行业的出口环境在国际交易市场上只会面临更加严苛的门槛，虽然绿色壁垒会阻碍企业进入国际贸易市场并提高企业的生产成本，但绿色壁垒的出现和壁垒下的出口竞争效应和规模需求效应

---

① 钢材生产量、钢材出口量数据来源于国家统计局官网。

也会倒逼进行出口贸易的企业进行绿色技术创新和低碳发展（武力超等，2022）。我国钢铁企业若为了顺利出口而支付国外政府所设定的额外税负，多出的成本要么由企业自己承担，从而减少企业的利润收入；要么将这些成本体现在价格上，导致在国际贸易市场上的价格缺乏吸引力，缺乏竞争优势。此时绿色金融的低息优势和绿色竞争优势会使其在迫切想要抢占国际市场份额的钢铁企业中受到热烈欢迎，因此，钢铁行业对出口规模与绿色金融的需求共同激励钢铁行业进行低碳转型改革。具体而言，出口需求会进一步紧密绿色金融与钢铁行业低碳转型之间的关系。同时，具有出口行为的出口企业相对于非出口企业来说，更能得到绿色投资的青睐和绿色金融资金的主动倾斜，从而进一步推动企业内部的清洁发展（马妍妍和俞毛毛，2020）。

基于上述分析，我们提出第 5 个假设：

假设 5：钢铁行业的出口规模在绿色金融促进钢铁行业低碳转型的过程中发挥着调节作用。钢铁行业出口规模的扩大能够提升绿色金融对钢铁行业低碳转型的促进作用。

三　绿色金融发展与钢铁行业低碳转型水平测度与分析

（一）绿色金融发展水平测度与分析

第一，指标选取与说明。我们采用 2011—2020 年我国 29 各个省份的省际面板数据作为样本（港澳台和西藏自治区以及海南省数据不全，因此未包含于实证样本中），根据我国目前绿色金融的主要构成，借鉴吕鲲等（2022）构建绿色金融发展指数的方法对绿色金融发展水平进行测度。整体指标构建可分为绿色信贷、绿色保险、绿色投资、政府支持四个二级指标，并对各二级指标的具体含义进行描述，详见表 3 – 1。

表 3 - 1 绿色金融发展水平评价指标体系

一级指标	二级指标	三级指标	指标定义	单位	指标属性
绿色金融发展水平	绿色信贷	高耗能工业利息占比	高耗能工业产业利润/工业产业利润	%	-
	绿色投资	环境污染投资占比	环境治理污染投资/GDP	%	+
	绿色保险	农业保险规模比	农业保险收入/财产险收入	%	+
	政府支持	环境保护支出占比	环境保护财政支出/一般预算财政支出	%	-

（1）绿色信贷。绿色信贷是行业低碳转型的重要资金来源，高耗能工业产业利息支出占比能够直观地体现该行业贷款量在总贷款量中的比重，间接反映金融机构治理恶意能源消耗的力度，二者数据全部来源于《中国工业统计年鉴》。

（2）绿色投资。该指标由环境治理污染投资占国内生产总值的比重得出，主要用来反映各地方在环境治理、绿色低碳项目发展上的投入力度，以及对企业节能环保治理的重视程度，环境治理污染投资额数据来源于《中国环境统计年鉴》、GDP 数据来源于《中国统计年鉴》。

（3）绿色保险。目前我国主流的绿色保险是指环境污染治理责任险，其规模和投保赔付率能够在一定程度上反映绿色保险的发展状况。但我国绿色金融仍处于起步阶段，数据披露并不完善，我国环境污染责任保险的相关数据不够完整，环境污染治理责任险强制推行实施以后参保率也较低，无法获得全面、连续的统计数据，因此参考李晓西等（2015）学者的研究，用农业保险规模比来衡量绿色保险，农业保险收入与财产险收入相关数据全部来源于《中国保险年鉴》。

（4）政府支持。我们选用财政环境保护支出占一般预算财政支出的比重来衡量政府支持力度，目的是反映除银行信贷、资本市场以外，我国产业在低碳转型时的其他渠道融资水平，使绿色金融测度体系更加完善。数据来源于《中国统计年鉴》以及历年各省份统计年鉴。

第二，测算方法。我们运用熵值法来评价绿色金融的发展水平。

（1）对指标体系中的各项指标运用极差标准法进行无量纲化处理，解决不同指标在量纲和数量级上不一致的问题，使观测数据具有统计意义。

$$
G_{ij} = \begin{cases} \dfrac{T_{ij} - \min(T_{ij})}{\max(T_{ij}) - \min(t_{ij})}, T_{ij} \text{ 为正向指标} \\[3mm] \dfrac{\max(T_{ij}) - T_{ij}}{\max(T_{ij}) - \min(T_{ij})}, T_{ij} \text{ 为负向指标} \end{cases} \tag{1}
$$

其中，i 为省份，j 表示衡量绿色金融发展各个分级指标；（$i = 1$，2，…，29；$j = 1$，2，3，4），T_{ij} 和 G_{ij} 为初期和无量纲化的值。

（2）计算各指标 G_{ij} 的信息熵值 E_{ij}：

$$
E_{ij} = \ln \frac{1}{n} \sum_{i=1}^{n} \left[\left(\frac{G_{ij}}{\sum_{j=1}^{n} G_{ij}} \right) \ln \left(\frac{G_{ij}}{\sum_{j=1}^{n} G_{ij}} \right) \right] \tag{2}
$$

（3）计算各指标 G_{ij} 的权重 ω_j：

$$
\omega_j = \left(\frac{1 - E_j}{\sum_{i=1}^{m} (1 - E_j)} \right) \tag{3}
$$

（4）构建各项指标 G_{ij} 的加权矩阵 H：

$$
H = (h_{ij})_{nm} \tag{4}
$$

$$
h_{ij} = \omega_j g_{ij} \tag{5}
$$

（5）通过加权矩阵 H 确定最优解 W_j^+ 和最劣解 W_j^-：

$$
W_j^+ = (\max h_{i1}, \max h_{i2}, \cdots, \max h_{im}) \tag{6}
$$

$$
W_j^- = (\max h_{i1}, \max h_{i2}, \cdots, \max h_{im}) \tag{7}
$$

（6）计算最优解 W_j^+ 与最劣解 W_j^- 之间的欧式距离 d_i^+ 和 d_i^-：

$$
d_i^+ = \sqrt{\sum_{j=1}^{m} (W_j^+ - h_{ij})^2}, \quad d_i^- = \sqrt{\sum_{j=1}^{m} (W_j^- - h_{ij})^2} \tag{8}
$$

（7）计算理想解的贴进度 C_i：

$$
C_i = \frac{d_i^-}{d_i^+ + d_i^-}, \quad C_1 \in [0, 1] \tag{9}
$$

其中 C_i 越大，说明被测量地区的绿色金融发展水平越高，反之亦然。

　　第三，绿色金融发展水平结果分析。首先，从总体上看，我们对选取的 2011—2020 年全国 29 个省份绿色金融发展水平进行了测度和排名，得到的数据结果如表 3 - 2 所示。从整体看，各省级绿色金融指数偶有波动，但仍保持上升趋势，这表明我国对绿色金融发展战略的重视。具体看，我国绝大部分地区的绿色金融发展水平都处于初期发展水平，仅有 7 个省份均值达到 0.2 以上。从均值差距来看，新疆维吾尔自治区的绿色发展水平最低，均值仅为 0.085；北京市的绿色金融发展水平最高，均值为 0.645，二者差距为 0.56，差异逾六倍。由此可以看出我国绿色金融发展资源在空间上极其不平衡，省际间发展水平差异明显。其次，从区域异质性方面看，中国幅员辽阔，不同地区的经济、工业和技术等发展水平和发展基础不尽相同，这就导致各个地区的绿色金融发展情况、钢铁行业的低碳转型情况以及二者之间的影响都有较大差异，为了更加直观地掌握我国不同地区的绿色金融发展水平，了解不同经济发展地区下各个省份之间的发展差异，我们将 2011—2020 年全国以及东中西部地区[①]样本的均值和增长率水平进行计算，相关结果如图 3 - 3 所示。

表 3 - 2　　　　我国 2011—2020 年 29 个省份绿色金融指数

	2011 年	2013 年	2015 年	2017 年	2019 年	2020 年	均值	排名
北京	0.441	0.516	0.627	0.759	0.793	0.839	0.645	1
辽宁	0.139	0.163	0.167	0.166	0.197	0.207	0.170	13
山东	0.168	0.201	0.220	0.240	0.285	0.305	0.231	7
福建	0.143	0.166	0.194	0.214	0.224	0.234	0.193	8
天津	0.217	0.249	0.280	0.291	0.353	0.376	0.288	4
河北	0.095	0.111	0.126	0.138	0.161	0.172	0.131	18
上海	0.223	0.246	0.285	0.334	0.377	0.403	0.304	3

　　① 中东部地区包括北京、天津、河北、辽宁、上海、江苏、浙江、福建、山东、广东、广西 11 个省份；中部地区包括山西、内蒙古、吉林、黑龙江、安徽、江西、河南、湖北、湖南 9 个省份；西部地区包括四川、贵州、云南、陕西、甘肃、宁夏、青海、新疆、重庆 9 个省份。

续表

	2011 年	2013 年	2015 年	2017 年	2019 年	2020 年	均值	排名
广东	0.251	0.289	0.336	0.395	0.402	0.421	0.341	2
江苏	0.225	0.259	0.280	0.289	0.336	0.353	0.284	6
浙江	0.206	0.256	0.284	0.301	0.339	0.356	0.285	5
山西	0.109	0.126	0.126	0.143	0.145	0.149	0.131	19
吉林	0.099	0.115	0.127	0.144	0.147	0.152	0.130	22
黑龙江	0.105	0.115	0.124	0.134	0.142	0.147	0.126	25
安徽	0.106	0.133	0.144	0.159	0.173	0.181	0.147	17
江西	0.097	0.110	0.123	0.143	0.162	0.173	0.131	20
河南	0.105	0.123	0.142	0.166	0.186	0.199	0.150	16
湖北	0.109	0.144	0.172	0.198	0.198	0.207	0.169	14
湖南	0.106	0.131	0.151	0.176	0.202	0.219	0.159	15
内蒙古	0.094	0.114	0.115	0.121	0.140	0.146	0.121	27
广西	0.132	0.156	0.178	0.187	0.213	0.224	0.179	11
重庆	0.132	0.157	0.178	0.205	0.211	0.220	0.182	10
四川	0.128	0.150	0.169	0.193	0.215	0.228	0.176	12
贵州	0.094	0.115	0.121	0.149	0.147	0.152	0.127	24
云南	0.091	0.109	0.124	0.142	0.140	0.145	0.123	26
陕西	0.135	0.170	0.185	0.199	0.218	0.227	0.187	9
甘肃	0.093	0.115	0.124	0.155	0.152	0.158	0.131	21
青海	0.102	0.114	0.127	0.138	0.151	0.158	0.130	23
宁夏	0.062	0.085	0.080	0.088	0.103	0.107	0.090	28
新疆	0.067	0.075	0.083	0.089	0.097	0.101	0.085	29

数据来源：由笔者计算得出。

根据图 3 - 3 可知，从 2011—2020 年的均值来看，绿色金融发展水平大部分时间始终保持着"东部最高，中西部次之"的状态，并且中西部地区的绿色金融发展水平相差并不大。但无论从哪个区域来看，绿色金融发展水平始终保持着正向增长趋势。值得关注的是，全国增长率

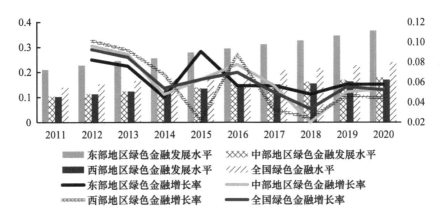

图3　全国及东中西部绿色金融发展水平及增长率对比

数据来源：根据相关数据计算得出。

已由 2011 年的 9.2% 下降至 5.3%，虽然中间偶有起伏，都仍未超过最初增长水平，并且在 2016 年后期倾向于保持平稳低增长发展趋势，2012—2020 年的各地区的增长率变化幅度趋于一致，除个别年份（2015 年、2016 年）不同地区间的增长率水平波动较大，其余年份不同地区之间发展水平变化幅度相似，这表明我国后期绿色金融存在发展动力相比前期较弱、区域间差距会持续增大等问题。截至 2020 年，我国平均绿色金融发展指数为 0.24，仍处于低水平发展阶段，这是个别地区发展水平过低所造成的。与中西部地区相比，东部地区有更好的金融基础、人才储备和科技水平基础，也更愿意发展绿色金融，而中西部由于原有的经济发展依赖于政策支持、财政补贴，其金融发展意识较弱。因此国家应在大力鼓励高水平地区发展绿色金融的基础上加大对绿色金融水平落后地区的支持力度，号召高水平地区对其进行帮助和扶持，从而减少区域差异，提高整体绿色金融发展水平。

（二）钢铁行业低碳转型水平测度与分析

第一，指标选取与说明。由于钢铁行业并不属于标准国民经济行业，国家统计局一般将其分为黑金属采矿业、黑金属冶炼和压延加工业两大类进行数据描述和分析，我们基于数据可得性，选择黑色金属冶炼及压延加工业数据来代表钢铁行业数据。在研究对象上同样选择2011—2020年我国29个省（其中港澳台、西藏自治区及海南省除外），具体指标构成如表3-3所示。

表3-3 具体指标介绍

指标类型	指标说明	指标选取
投入指标	劳动投入	钢铁行业职工人数
	资本投入	钢铁行业固定资产净值
	资源投入	钢铁行业用水总量
	能源投入	钢铁行业能源消耗总量
期望产出	经济产出	钢铁行业净值总产值
非期望产出	环境污染产出	由钢铁行业废水、废气、一般固体废物排放量衡量，通过熵权法测算得出

（1）投入指标

劳动投入：作为高度劳动密集型产业，职工数量的投入是钢铁行业生产的资源保证。在现有的研究中，衡量劳动投入的指标一般由职工有效劳动时长、行业特定时间的职工从业总人数或平均数等数据进行代替，因此我们采用黑色金属冶炼及压延加工业的年末职工人数来衡量钢铁行业劳动投入，数据来源于《中国工业统计年鉴》。

资本投入：目前学者用来衡量工业、制造业资本投入的指标主要有行业资产总额、固定资产投资等，具体到钢铁行业来说，行业的总资产中固定资产占比较高，在对外投资和行业内部资产组成时也对固定资产投资要求较高，因此我们选用黑色金属冶炼及压延加工业的年固定资产净值衡量资本投入，数据来源于《中国工业统计年鉴》。

资源投入：钢铁行业的整个生产过程都离不开水资源的投入，但由于大部分省份未公开吨钢新水消耗指标的数据，我们考虑到数据完整性和连续性，选用黑色金属冶炼及压延加工业的用水总量代表钢铁行业的资源投入，数据来源于《中国环境统计年鉴》以及国家统计局官网。

能源投入：在钢铁行业这种典型的高耗能产业低碳转型过程中，能源消耗的减少、能源结构的清洁化是其转型成功的重要表现，因此我们选用各省份的黑金属冶炼及压延工业的能源消耗总量来衡量能源投入，数据来源于《中国环境统计年鉴》以及国家、各省份统计局官网。

（2）产出变量

期望产出：在以往学者关于绿色转型效率的研究中，期望产出大多由经济产出来代表，具体到钢铁行业中，部分学者采用该行业最主要的产品——粗钢产量来衡量经济产出，但我们从低碳转型角度出发，粗钢产量与低碳发展的目标存在矛盾，用粗钢产量来衡量不够合理。因此我们采用黑金属冶炼及压延加工业总产值来衡量该行业的期望产出，数据来源于《中国统计年鉴》和《中国钢铁工业年鉴》。

非期望产出：钢铁行业在低碳转型过程中会广泛地将低碳技术和清洁能源投入生产过程中，这些过程都有助于环境的改善，因此生产过程中的污染物排放应该伴随着低碳转型的进程推进而减少，我们借鉴谭玲玲和肖双（2018）的做法，将对环境产生负面影响的工业污染物排放作为非期望产出纳入模型中，同时采用姚西龙等（2015）的做法以及数据的可得性考虑将黑金属冶炼及压延加工业的废水、废气、一般固体废物排放量通过熵权法计算出环境污染指数来衡量非期望产出。三者数据均来源于《中国工业统计年鉴》以及国家统计局官网。

第二，测度方法。借鉴现有关于低碳转型水平测量方法，鉴于Super-SBM模型是较为前沿和科学的测度效率的方法，其相较于传统SBM模型能够对被评价单位进行更加精准的测算，因此我们采用Tone（2002）在2002年基于SBM模型提出的Super-SBM模型来测算我国各省级钢铁行业低碳转型效率。SBM模型的分式规划形式为：

$$\min_{\lambda, s^-, s^+} \rho = \frac{1 - \frac{1}{m} \sum_{i=1}^{m} s_i^- / x_{ik}}{1 + \frac{1}{s} \sum_{r=1}^{s} s_r^+ / y_{rk}} \qquad (10)$$

$$\text{s. t.} \begin{cases} x_k = x\lambda + s^- \\ y_k = y\lambda - s^+ \\ \lambda \geq 0, \ s^- \geq 0, \ s^+ \geq 0 \end{cases} \qquad (11)$$

SBM 模型假设共有 n 个 DMU_k（k = 1，2，…，n），每个 DMU 投入 m 种变量 x_i（i = 1，2，…，m），产出 s 种 y_r（r = 1，2，…，s），非负向量 $\lambda = (\lambda_1, \lambda_2, \cdots, \lambda_n)^T$ 表示 DMU 的线性组合系数，投入和产出的松弛变量分别为 s^- 和 s^+。最优解 ρ 就是被评价的 DMU 的效率值，如果 $\rho = 1$，则被评价的 DMU 有效；当 $\rho < 1$ 时，被评价的 DMU 是无效率的。

在 2003 年，Tone 又将非期望产出融入 SBM 模型之中，建立了含有非期望产出的 SBM 模型。模型分式规划形式如下：

$$\min \rho * = \frac{1 - (1/m) \sum_{i=1}^{m} s_1^- / x_{io}}{1 - (1/(s_1 + s_2)) (\sum_{i=1}^{k_i} s_r^g / s_{r0}^g + \sum_{i=1}^{k_2} s_r^b / y_{r0}^b)} \qquad (12)$$

其中将 s_r 分为 s_r^b 和 s_r^g，二者分别表示期望和非期望产出的松弛变量。目标函数 $\rho *$ 是关于 s^-、s_r^b 和 s_r^g 严格递减的。对该式进行求解可以得到非期望产出的 SBM 效率值。

但是在 DEA 模型的测算中，经常会出现多个 DMU 的效率值为 1 的情况，这时便无法对有效的 DMU 进行精准比较和高低排序。

随后，Tone（2002）将 Andersen 和 Petersen（1993）提出的超效率模型（Super Efficiency Model）应用于 SBM 模型中，得到超效率 SBM 模型（Super-SBM）。其核心思想在于，构建前沿时，将被评价的 DMU 先剔除，再将结果进行更为清晰的比较。该模型计算出的 DUM 的效率值可以大于 1，从而实现对测量的所有 DMU 排序进行比较。超效率模型的分析见图 3 - 4。

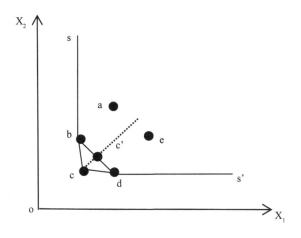

图 3 - 4 超效率简易求解

从图 3 - 4 中可以看出，在这个生产系统中有 5 个 DMU，分别为 a、b、c、d 和 e。每个 DMU 有 x_1 和 x_2 两个投入，和 y 一个产出。通过传统 SBM 模型进行效率计算，可以分别得到这 5 个 DMU 的效率值，并且由 b、c 和 d 这三个 DMU 构成一个生产前沿。尽管在图 3 - 4 中我们可以明显看出 c 的效率值大于 b 和 d，但在传统模型中三者最终的 DEA 效率值都是 1，我们无法根据数据对它们进行排序。将超效率模型引入后，新模型将生产前沿缩小到只有 b 和 d，b、d 效率值保持不变，再将 c 投影到生产前沿上的 c' 处，此时 c 的效率值应为 oc'/oc，结果必大于 1，这也意味着 c 会随着投入量的持续增加依旧保持其有效位置。因此，用超效率模型进行测算后，c 的效率值是大于 b 和 d 的，可以解决不能对有效 DMU 进行比较的问题。而对于 a 和 e 来说，因为之前是非 DEA 有效的，即使对原有生产前沿进行更改也不会影响到 a、e 两点，它们仍会保持其原有的 DEA 效率得分。

第三，钢铁行业低碳转型水平的测度结果分析。首先，我们基于数据可得性，结合钢铁行业低碳转型指标体系和测算方法，运用含非合意产出的 Super-SBM 模型并利用 DEAMAX 软件，对 2011—2020 年我国 29

个省份钢铁行业的低碳转型效率进行测算，并选取部分年份来展示我国各地区钢铁行业低碳转型水平及排名的情况，结果见表3-4。

表3-4　我国2011—2020年29个省份钢铁行业低碳转型水平及排名

	2011年	2013年	2015年	2017年	2019年	2020年	均值	排名
北京	0.313	1.100	1.431	0.605	1.057	1.113	0.869	2
辽宁	0.333	0.442	0.339	0.068	0.050	0.053	0.226	9
山东	0.944	1.070	0.668	1.015	0.810	0.790	0.888	1
福建	0.193	0.260	0.155	0.174	0.282	0.316	0.215	11
天津	0.126	0.156	0.168	0.112	0.079	0.091	0.120	14
河北	0.353	0.374	0.227	0.265	0.227	0.279	0.281	8
上海	0.211	0.272	0.142	0.113	0.270	0.294	0.209	12
广东	0.743	1.092	0.617	0.721	1.040	1.069	0.840	3
江苏	0.419	1.002	0.371	0.370	0.475	0.542	0.519	5
浙江	0.703	0.783	0.554	0.588	0.735	0.900	0.669	4
山西	0.044	0.041	0.025	0.026	0.029	0.031	0.032	25
吉林	0.037	0.054	0.039	0.043	0.037	0.051	0.042	22
黑龙江	0.032	0.063	0.037	0.037	0.028	0.032	0.040	23
安徽	0.083	0.114	0.041	0.061	0.145	0.171	0.096	15
江西	0.049	0.078	0.044	0.044	0.067	0.067	0.056	18
河南	0.349	0.387	0.296	0.286	0.423	0.520	0.358	6
湖北	0.156	0.292	0.194	0.160	0.270	0.286	0.220	10
湖南	0.170	0.257	0.169	0.121	0.189	0.256	0.188	13
内蒙古	0.055	0.124	0.035	0.029	0.031	0.032	0.053	20
广西	0.047	0.085	0.043	0.044	0.051	0.048	0.052	21
重庆	0.039	0.060	0.053	0.073	0.103	0.123	0.070	17
四川	0.284	0.338	0.222	0.305	0.430	0.531	0.331	7
贵州	0.015	0.024	0.023	0.027	0.034	0.045	0.026	28
云南	0.035	0.049	0.043	0.044	0.082	0.096	0.054	19

续表

	2011 年	2013 年	2015 年	2017 年	2019 年	2020 年	均值	排名
陕西	0.067	0.152	0.049	0.047	0.061	0.074	0.073	16
甘肃	0.025	0.034	0.028	0.027	0.034	0.045	0.031	26
青海	0.029	0.034	0.033	0.032	0.040	0.043	0.035	24
宁夏	0.021	0.021	0.018	0.017	0.018	0.019	0.019	29
新疆	0.031	0.035	0.026	0.024	0.031	0.035	0.030	27

数据来源：根据相关数据计算得出。

从表 3-4 的年均值和排名可以看出，山东、北京、广东、浙江等地的钢铁行业低碳转型效果较其他地区发展水平更高，且较集中于东部地区；宁夏、贵州、甘肃等地的钢铁行业低碳转型水平较低，且较集中于中西部地区。从均值排名来看，各省份间差距明显，最高水平省份与最低水平省份相差数十倍。

其次，从区域性特征看，钢铁行业低碳转型的关键是能源的清洁化和技术的不断发展，不同地区由于资源禀赋的不同、工业基础和人才吸引力及人才储备的差别，导致各区域的钢铁行业发展水平与低碳转型水平有着巨大的差异。依旧将我国 29 个观测省份划分为东、中、西部区域进行钢铁行业低碳转型水平的分析，结果如图 3-5 所示。从时间上来看，整体上我国的钢铁行业低碳转型效率呈上升趋势，但增长过程呈波动态势。如图 3-5 所示，我国钢铁行业低碳转型水平由 2011 年的 0.2037 上升到 2020 年的 0.2742，实现 34.6% 的增长率，反映出我国钢铁行业低碳转型有效并稳步推进，钢铁行业的生产方式正逐步向集约型高质量发展和绿色低碳发展方式转变。具体看，我国钢铁行业低碳转型发展过程呈波动态势，2014—2016 年钢铁行业转型效果欠佳，表现出负增长态势，这与当时我国国内市场需求下降、经济增长放缓以及国际市场恶性竞争有很大关系，此时钢铁行业无力进行低碳改革投入，但后期状态好转并持续对低碳改革进行投入，使转型水平逐年上升。

钢铁行业的碳转型效率依然呈现"东部地区高于中西部地区"的

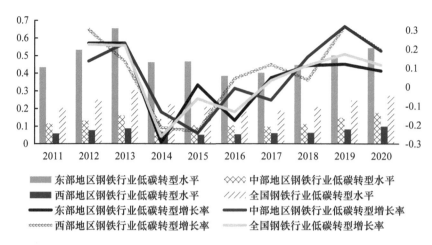

图 3 - 5　全国及东、中、西部钢铁行业低碳转型水平及增长率对比

数据来源：根据相关数据计算得出。

空间分布态势，但与绿色金融发展水平特点不同的是，中部地区的钢铁行业低碳转型水平明显高于西部地区，二者水平并不相近。从图 3 - 5 中可以看出，西部地区的增长率在 2016 年首次超过东中部地区，尽管后期增长率有下降趋势，但仍保持领先状态（2018 年除外）。这与我国大力开发西部地区，促进西部地区整体工业转型的强有力政策号召有关，这也侧面表明了我国各区域间钢铁行业低碳转型水平的差距逐渐缩小，有望在未来实现一定程度上的区域平衡发展。

再次，钢铁行业低碳转型水平的变化受宏观市场和绿色金融发展影响。我国钢铁行业低碳转型效率的波动变化与环境政策的出台和改革有直接关系。2011 年，环保部环境与经济政策研究中心等单位联合发布的《中国钢铁行业绿色信贷指南》，明确指出信贷是钢铁行业融资的主要方式之一，在一定程度上缓解了钢铁行业难于获得低碳转型资金的阻碍，很好地激发了钢铁行业低碳转型的热情和动力，使我国钢铁行业迎来了低碳转型高潮。2014 年至 2016 年，国际钢铁价格大幅下降、贸易保护政策盛行，解决产能过剩成为钢铁行业的头号难题，众多钢铁企业利润遭到压缩，无力进行大规模的低碳转型投入。因此在该阶段行业的低碳转型效果不够理想，甚至出现负增长状态。2016 年迎来绿色金融元年，绿色金融首次被纳入国民经济和社会发展五年规划，政府不断出台相关配套政策和措施，加快推进绿色金融政策落地，有效解决市场资源错配、信息不对称等问题。在政策和资金的双重护航下，我国钢铁行业的低碳转型效率再次提升并逐渐走向新高峰。

四　绿色金融影响钢铁行业低碳转型的实证分析

（一）变量的选取及统计性描述

第一，变量的选取。我们研究区间为 2011—2020 年，借鉴现有研究并考虑数据的可得性，选择以除海南省、西藏自治区、台湾省、香港特别行政区以及澳门特别行政区外的 29 个省份为研究对象。相关变量的选择如表 3 - 5 所示。

表 3 - 5　　　　　　　　　　　　　　　相关变量指标

变量分类	简称	变量名称	计算方法
被解释变量	EFF	钢铁行业低碳转型效率	采用 Super-SBM 测算
核心解释变量	GFI	绿色金融发展水平	采用熵权法测算
控制变量	EDL	经济发展水平	城镇从业人员平均薪资
	DER	环境规制	工业污染治理完成额/第二产业增加值
	INL	工业化水平	工业增加值/工业生产总值
	FDI	外商直接投资水平	外商直接投资额/GDP
	GOV	政府干预水平	财政总支出/GDP
调节变量	GRD	绿色技术发展水平	绿色专利技术授权数量
	ESS	钢铁行业出口规模	钢铁行业产品出口总额

（1）钢铁行业低碳转型效率（EFF）：借鉴现有研究，我们构建了投入、期望产出、非期望产出指数并采用 Super-SBM 模型进行测算，具

体计算过程与结果见前述"绿色金融发展与钢铁行业低碳转型水平测度与分析"的相关研究内容与结果。

（2）绿色金融发展水平（GFI）：借鉴吕鲲等（2022）的做法并考虑数据可得性等因素，选择以绿色信贷、绿色保险、绿色投资、政府支持四个维度构建指标并结合熵权法进行测度，具体计算过程与结果见前述"绿色金融发展与钢铁行业低碳转型水平测度与分析"的相关研究内容与结果。

（3）其他控制变量：经济发展水平（EDL）通过各地区城镇单位就业人员平均薪资来衡量，经济发展中带来的环境污染是不可避免的，但其又能实现与环境的长期和谐发展，因此判断现阶段经济水平对钢铁行业低碳转型的影响是十分必要的，数据来源于各年各省份统计年鉴。环境规制（DER）的具体计算方式为工业污染治理完成额占第二产业增加值的比重，环境规制会对被管制企业产生一定的管理作用，倒逼钢铁行业进行低碳转型（韩钰和臧传琴，2020），其中工业污染治理完成额数据来源于各年《中国工业统计年鉴》、第二产业增加值来源于各年各省份统计年鉴。工业化水平（INL）通过工业增加值占工业生产总值的比重来衡量，良好的工业化基础能够帮助钢铁行业更好地实现低碳转型（张婷和李泽辉，2022），二者数据全部来源于各年《中国工业统计年鉴》。外商直接投资水平（FDI）通过外商直接投资额占 GDP 的比重衡量，外商投资建厂能够带来先进知识，促进学习和交流，但也有部分投资商是为了躲避原国家严苛的环境规制而进行污染产业转移，二者数据来源于各年《中国统计年鉴》及国家统计局官网。政府干预水平（GOV）通过财政总支出占 GDP 的比重来衡量，过大或过小的财政支出都会影响地区的生产方式和市场活力，影响行业发展，二者数据来源于各年《中国统计年鉴》、国家统计局及各省份统计局官网。

（4）调节变量：基于前面关于"绿色金融影响钢铁行业低碳转型的机制分析与假设"的研究，在此我们选取钢铁行业出口规模（ESS）

和绿色技术发展水平（GRD）来分析其调节效应影响，其中，钢铁行业出口规模用钢铁行业的出口总额来衡量；考虑技术成果转化等问题，选择绿色专利技术的授权数量来代表绿色技术发展水平。其中，钢铁行业出口规模数据来源于《中国工业统计年鉴》及各省份海关官网；绿色技术发展水平数据由 CNRDS 数据库整理所得。

第二，变量的描述性统计分析。为了降低指标数据单位以及异方差的影响，我们对经济发展水平（EDL）、钢铁行业出口规模（ESS）、绿色技术发展水平（GRD）数据进行自然对数处理，其他解释与控制变量已经经过标准化计算，无须进行二次处理。各变量的描述性统计如表 3－6 所示。

表 3－6　　　　　　　　　　各变量描述性统计结果

变量名称	样本量	均值	标准差	最小值	最大值
EFF	290	0.229	0.284	0.0151	1.431
GFI	290	0.191	0.115	0.0621	0.839
EDL	290	11.03	0.334	10.35	12.09
DER	290	0.00252	0.00227	0.000897	0.0204
INL	290	0.363	0.0802	0.117	0.530
FDI	290	0.0188	0.0150	0.000103	0.0796
GOV	290	0.248	0.104	0.110	0.643
ESS	290	19.96	1.680	16.00	23.33
GRD	290	7.749	1.332	3.219	10.87

从表 3－6 可知，绿色金融发展水平（GFI）指数的均值为 0.191，接近最小值，由此可见，我国大部分地区仍处于绿色金融低水平发展状态，需要市场与政府大力帮助其发展；钢铁行业低碳转型效率（EFF）与绿色金融呈现相同状态，均值仍偏向最小值，但与绿色金融不同的是，钢铁行业低碳转型效率最小值与最大值的差距非常大，表明我国低碳转型效率十分不均，部分地区钢铁行业低碳转型工作始终未见成效，

亟须采取强制性手段进行管理；经济发展水平（EDL）均值处于中位水平，各地并未有异常差别；环境规制（DER）均值为 0.00252，整体发展水平偏低；工业化水平（INL）均值处于中间水平，说明我国工业化整体仍有发展空间；外商直接投资水平（FDI）的均值偏向最小值，表明我国仍需加大对外商的投资吸引力；政府干预水平（GOV）均值较低，只有 0.248，与最小值十分接近，由此可以看出我国政府在整体市场经济方面的支出占比较低；钢铁行业出口规模（ESS）均值同样偏向最小值，表明我国部分地区的贸易方式由于其生产优势、地理位置等不同，并不以进出口贸易为主，同时侧面也能反映出我国目前的钢铁出口优势不均衡；绿色技术发展水平（GRD）均值处于中间水平，表明目前我国绿色低碳技术正处于发展阶段并仍有较大发展空间。

（二）绿色金融影响钢铁行业低碳转型的直接效应

第一，基准模型构建。我们通过 Hausman 检验对随机效应模型或固定效应模型的选择进行识别，并利用 F 检验分析数据是否存在时间效应来识别个体固定效应和双向固定效应模型的应用，并确定最终适用模型。结果如表 3 - 7 所示。

表 3 - 7　　　　　　　　　F 检验与 Hausman 检验结果统计

Hausman 检验		时间效应 F 检验		个体效应 F 检验	
卡方值	P 值	F 统计值	P 值	F 统计值	P 值
22. 31	Prob > chi2 = 0. 001	27. 87	Prob > F = 0. 000	24. 41	Prob > F = 0. 000

在 Hausman 检验中，P 值为 0. 004 < 0. 05，说明该面板数据更适用于固定效应模型。此外，通过 F 检验来分析数据中是否存在时间效应和个体效应，检验结果 P 值都在 1% 的水平下显著，强烈拒绝不存在时间效应、个体效应的原假设。可见，对于上述模型，选择同时控制个体和时间的双向固定效应模型最适合。因此，最终选择模型公式如下：

$$EFF_{it} = \alpha_{it} + \alpha_1 GFI_{it} + \alpha_2 EDL_{it} + \alpha_3 DER_{it} + \alpha_4 INL_{it} +$$
$$\alpha_5 FDI_{it} + \alpha_6 GOV_{it} + u_i + u_t + \mu_{it} \tag{13}$$

模型公式（13）中，EFF（钢铁行业低碳转型效率）为被解释变量，GFI（绿色金融发展水平）为核心解释变量。基于理论分析并考虑钢铁行业低碳转型的影响因素，我们加入 EDL（经济发展水平）、DER（环境规制）、INL（工业化水平）、FDI（外商直接投资水平）、GOV（政府干预水平）作为控制变量，u_i 为个体固定效应，u_t 为时间固定效应，μ_{it} 为随机干扰项。

第二，基准模型回归结果分析。为了避免模型中多变量中存在多重共线性问题，对其进行方差膨胀因子检验，结果显示各变量的 VIF 值均小于 5，VIF 均值为 2.1，小于 5，这表明变量间不存在多重共线性。为了保证检验的准确性，我们将公式（13）用 STATA 16.0 软件同时选用随机效应、仅控制个体的固定效应和双向固定效应三个模型进行回归，回归结果如表 3 - 8 所示。

表 3 - 8　　绿色金融对钢铁行业低碳转型影响的总体回归结果

变量名称	RE	FE	FE
	EFF	EFF	EFF
GFI	1.208 ***	0.913 ***	2.218 ***
	(0.208)	(0.252)	(0.189)
EDL	- 0.0527	- 0.0125	- 0.235 **
	(0.0528)	(0.0581)	(0.0949)
DER	- 4.026	- 3.523	2.271
	(3.840)	(3.912)	(5.507)
INL	0.221	0.242	0.695 ***
	(0.209)	(0.221)	(0.218)
GOV	- 0.665 ***	- 0.612 **	- 0.609 ***
	(0.211)	(0.275)	(0.148)

续表

变量名称	RE	FE	FE
	EFF	*EFF*	*EFF*
DFI	1.922 **	2.322 ***	− 2.657 ***
	(0.762)	(0.794)	(0.928)
截距项	0.638	0.221	2.338 **
	(0.617)	(0.675)	(1.016)
样本量	290	290	290
拟合优度	0.532	0.125	0.614
个体效应	固定	固定	固定
时间效应	不固定	不固定	固定

注：括号中为标准误；＊p＜0.10，＊＊p＜0.05，＊＊＊p＜0.01，以下各表一致。

如表3－8所示，无论在哪种模型中绿色金融对钢铁行业低碳转型的影响作用都在1%的水平下显著并且方向为正，综合拟合优度、截距项等因素来看，双向固定效应模型确实是最优的模型选择，所以我们对该模型回归结果进行分析。从全国整体回归结果来看，绿色金融对钢铁行业低碳转型效率的作用系数为2.218，在1%的水平上显著，绿色金融水平每提升1%，就会推动钢铁行业低碳转型效率提升2.218%，与前文理论预期一致，假设1成立。绿色金融为钢铁行业低碳转型提供资金支持，并通过针对性鼓励措施和惩罚措施加强钢铁行业的转型意向，从而加快其低碳转型进程。

从控制变量来看，经济发展水平与钢铁行业低碳转型效率呈显著负相关，这与我国历史发展状况较为一致，短期内，经济发展目标与低碳转型目标是冲突的，尤其对钢铁行业这样以粗钢为主要产出的行业来说，经济发展势必带来额外的碳排放量及环境污染，这对钢铁行业的低碳转型极其不利，再加上我国钢铁行业低碳转型刚刚起步，难以快速达成长期的和谐共生关系；环境规制水平与钢铁行业低碳转型影响系数为正，但并不显著，这是由于环境规制即便会对行业的低碳转型有规制引导作用，但相较于钢铁行业的总体利益，规制带来的罚款并不严重，多数钢铁企业受规制的影响不大；工业化水平对钢铁行业的低碳转型呈正向显著影响，工业增加值的提高会给工业企业带来可观收益，这样企业便有资金进一步投入企业的高质量发展中，加快其转型步伐；政府干预与钢铁行业低碳转型呈负向显著关系，这是由于在政府财政支出中，绿色财政占比极小，能够分配用于钢铁行业低碳转型的资金更是少之又少，甚至大部分资金还会用于挽救濒临淘汰的重工企业，助长其依赖意识，使其不将希望寄托于自身努力转型反而依靠政府救济，从而缺乏转型动力和转型意识，长此以往势必会阻碍整个钢铁行业低碳转型水平的提升；外商直接投资水平与钢铁行业低碳转型同样呈现显著性负向影响，在经济发展的过程中，我国广阔的消费市场和丰富的劳动力资产吸引了大量外国投资，但这类投资办厂的热潮中有相当大的部分是厂商为了规避其他投资国严苛的环境规制和污染治理成本，转而将高污染企业迁移至我国境内，外商投资的增加也伴随着污染的增加和环境的恶化，影响钢铁行业的低碳转型。

第三，稳健性检验。为保证基准回归结果的可靠性和模型的稳健性，我们分别选用替换被解释变量、内生性检验、改变样本区间三种方法进行稳健性检验。

（1）替换被解释变量。我们调整了钢铁行业的测算指标，在保持原有的投入和期望产出变量下，将非期望产出调整为省级 CO_2 排放量，同样使用 DEA 软件，采用 Super-SBM 模型测算，形成新的钢铁行业低碳转型指标，并利用双向固定效应模型进行计算，得到的结果如表 3 - 9 所示。

从表 3 - 9 的结果可以看出，替换被解释变量后，绿色金融依旧对钢铁行业低碳转型水平的提高有显著的促进作用，模型表现出很好的稳健性。

表9 替换被解释变量后的回归结果

变量名称	EFF
GFI	1.427 ***
	(0.0924)
EDL	− 0.209 ***
	(0.0476)
DER	1.918
	(2.738)
INL	− 0.584 ***
	(0.108)
GOV	0.259 ***
	(0.0736)
DFI	0.555
EDL	(0.461)
截距项	2.254 ***
	(0.495)
个体效应	固定
时间效应	固定
样本量	290
拟合优度	0.722

（2）内生性检验。绿色金融与钢铁行业低碳转型之间可能存在逆向因果关系，因此我们选用绿色金融发展水平的滞后一期（$L. GFI$）来表示工具变量，用 2sls 最小二乘法进行内生性检验。并在检验前对所选工具变量进行弱工具识别，F 值为 2766，大于 10，拒绝所选工具变量为弱工具变量的假设。工具变量选择合理，回归结果如表 3 – 10 所示。

回归结果显示，滞后一期的绿色金融发展水平仍可以显著促进钢铁行业低碳转型水平的发展，与我们原有的模型预测结果相同，模型表现出良好的稳健性。

表 3 - 10　　　　　　　　　　内生性检验回归结果

变量名称	EFF
L. GFI	2. 148 ***
	(0. 206)
EDL	- 0. 191 ***
	(0. 0607)
DER	- 9. 908 **
	(4. 134)
INL	0. 404 **
	(0. 206)
GOV	- 0. 883 ***
	(0. 161)
DFI	- 1. 966 **
	(0. 971)
截距项	1. 108 *
	(0. 671)
F 值	2766
个体效应	固定
时间效应	固定
样本量	261
拟合优度	0. 632

（3）改变样本区间。我们对核心解释变量绿色金融发展水平
（GFI）与被解释变量钢铁行业低碳转型水平（EFF）进行1%（99%）
的缩尾处理，在控制变量保持不变的基础上进行回归。如表 3 - 11 所
示，进行缩尾处理后基准回归仍与研究结论一致，即绿色金融对钢铁行
业低碳转型具有显著促进作用。

表 3 - 11 改变样本区间后的回归结果

变量名称	EFF（缩尾 1%）
GFI（缩尾 1%）	2. 208 ***
	（0. 191）
EDL	- 0. 235 **
	（0. 0937）
DER	2. 165
	（5. 395）
INL	0. 727 ***
	（0. 213）
GOV	- 0. 616 ***
	（0. 145）
DFI	- 2. 738 ***
	（0. 909）
截距项	2. 335 **
	（1. 003）
个体效应	固定
时间效应	固定
样本量	290
拟合优度	0. 613

（三）绿色金融影响钢铁行业低碳转型的门槛效应

第一，门槛效应模型构建。为了进一步了解绿色金融对钢铁行业低碳转型的影响效果和特征，我们参考 Hansen（1999）的研究思路，将各省份绿色金融发展水平（GFI）作为门槛变量，设计出单门槛模型：

$$EFF = \delta_0 + \delta_1 GFI \cdot I\ (fm \leqslant \varphi)\ +$$
$$\delta_2 GFI \cdot I\ (fm > \varphi)\ + \delta_3 X_{it} + \varepsilon_{it} \tag{14}$$

并在公式（14）的基础上设计出双门槛，甚至进一步扩展至多门

槛模型:

$$EFF = \delta_0 + \delta_1 GFI \cdot I\ (fm \leqslant \varphi_1)\ + \delta_2 GFI \cdot I\ (\varphi_1 < fm \leqslant \varphi_2)\ +$$
$$\delta_3 GFI \cdot I\ (fm > \varphi_2)\ + \qquad\qquad (15)$$

其中,φ 为门槛值,fm 为门槛变量,I 为显性函数,X_{it} 为控制变量,ε_{it} 为残差值,当括号内的门槛条件成立时 I 取 1,反之取值为 0。我们根据上述设定模型,选用 2011—2020 年全国 29 个省份(西藏自治区、海南省、中国台湾、港澳特别行政区除外)的数据,将绿色金融作为门槛变量考察绿色金融在不同发展水平下对钢铁行业低碳转型的影响程度并对其进行分析。

第二,门槛效应回归结果分析。我们运用 STATA 16.0 软件,采用公式(15)进行门槛回归分析,先运用"Bootstrap"法对数据进行处理,考虑稳健性等因素,经由 500 次自主抽样得到回归结果,如表 3 - 12 和表 3 - 13 所示。

表 3 - 12 　　　　　门槛数量估计结果 (Bootstrap 抽样 500 次)

门槛数	门槛值	95% 置信区间	F 值	P 值
单门槛	0.2594	[0.2583, 0.2651]	20.9	0.045
双门槛	0.2594	[0.2583, 0.2651]	10.8	0.302
	0.2279	[0.2251, 0.2280]		

由表 3 - 12 可以看出,当绿色金融发展水平作为门槛变量时,在全国样本下的单门槛回归结果在 10% 的水平下显著,双门槛结果不显著,说明绿色金融对钢铁行业的影响存在单门槛效应。并且表 3 - 12 中列举了模型中的门槛值及其 95% 置信区间,门槛值为 0.2594。这也说明,在以门槛值为划分标准的两个区间内,绿色金融发展水平对钢铁行业低碳转型的影响强度是不同的,具体回归结果如表 3 - 13 所示。

表 3 - 13   门槛效应回归结果

变量名称	GFI 为门槛变量
	EFF
GFI （$GFI \leq 0.2594$）	1.665 ***
	(0.310)
GFI （$GFI > 0.2594$）	1.121 ***
	(0.143)
EDL	- 0.050
	(0.039)
DER	- 3.154 *
	(1.556)
INL	0.294
	(0.155)
GOV	- 0.514
	(0.271)
DFI	1.571
	(0.613)
截距项	0.494
	(0.423)
个体效应	固定
时间效应	固定
样本量	290
拟合优度	0.174

由表 3 - 13 可知，无论绿色金融是否高于或低于门限变量时，绿色金融发展都对钢铁行业低碳转型有着显著的正向影响，这与我们的预期

理论一致，但在不同区间内的影响系数不大相同。如表 3 - 13 所示，低于门槛值的绿色金融对钢铁行业影响系数为 1.665，高于门限值后绿色金融对钢铁行业低碳转型的影响系数 1.121，这反映出发展后期绿色金融对钢铁行业的影响动力比发展初期较弱，促进作用逐渐变小。根据前述绿色金融测度结果可以得知，除北京、广东、上海等少数城市超过门槛值外，大部分城市的绿色金融发展指数都处在 0.2594 之下，也表明我国大部分地区都处于绿色金融推动钢铁行业低碳转型的快速发展阶段。总结来说，绿色金融在全国范围内对钢铁行业低碳转型的影响存在着非线性特征，当绿色金融发展水平超过门槛之后，其对钢铁行业的转型效果会减弱，假设 2 成立。

（四）绿色金融影响钢铁行业低碳转型的异质性效应

完备的钢铁行业基础能够更好地方便绿色金融为其提供资金支持。此外，钢铁生产规模越大，产生的污染排放也就更多，以钢铁为主要产业、维持经济发展的省份为了保持良好的"绿色"形象对绿色金融的需求也就更迫切，便会更加积极主动地寻找金融机构进行合作，有效降低金融机构的信息搜集成本。因此，钢铁产量高的地区相较于钢铁产量低的地区有着更为牢固的金融合作关系和便利的融资渠道。我们通过整理 2010—2020 年各省份钢铁行业的平均产量并对其进行排名，采用 0.75 的分位点对全国 29 个省份的钢铁产量进行划分，前 25% 为高钢铁产量地区，包括河北省、江苏省、山西省、广东省、山东省、辽宁省、广西壮族自治区、天津市 8 个省份，其余 21 个省份为低钢铁产量地区。在异质回归计算前，为了确定异质性的分组是否存在真正的组内差异，我们采用似无相关模型对核心解释变量的组间系数进行验证，结果现实核心变量的组间经验 P 值为 0.001，小于 0.05，这表明在不同的钢铁产量地区，绿色金融对钢铁行业低碳转型的影响确实存在明显的组间异质性。随后应用公式（13）用 STATA 16.0 软件选用双向固定效应模型进行分组回归，回归结果如表 3 - 14 所示。

表 3 - 14   异质性回归结果

变量名称	高钢铁产量地区	低钢铁产量地区
	EFF	EFF
GFI	3.993 ***	1.898 ***
	(0.668)	(0.148)
EDL	- 1.766 ***	- 0.145 *
	(0.319)	(0.072)
DER	35.875 *	- 0.392
	(15.689)	(4.352)
INL	0.1643	0.383 *
	(0.6333)	(0.178)
GOV	- 4.063 ***	- 0.388 ***
	(0.585)	(0.117)
FDI	2.332	- 2.149 *
	(1.597)	(0.988)
截距项	19.611 ***	1.440
	(3.365)	(0.773)
个体效应	固定	固定
时间效应	固定	固定
样本量	80	210
拟合优度	0.791	0.722
组间系数经验 P 值	0.001 **	

从区域异质性来看，绿色金融在高、低钢铁产量地区内对钢铁行业低碳转型的影响效果有所不同，由表 3 - 14 可知，绿色金融对钢铁行业低碳转型的影响虽然在两个地区内都在 1% 的水平下显著，但影响系数有较大差异，在高产量地区的影响系数为 3.993，远大于整体区域下的影响系数 2.218 和低钢铁产量地区的影响系数 1.898。这说明绿色金融在高钢铁产量地区对钢铁行业低碳转型效率的促进作用十分显著，与我

们的预期一致，假设 3 成立。钢铁产量高的地区随着区域绿色消费意识的提升和市场的需求，对绿色金融的需求更为迫切，并且钢铁行业在不断发展中带动的低碳技术发展和高级环保项目的发展及平台的建设和完善能够更好地方便绿色金融资金流向钢铁行业，从而带动该地区钢铁行业的低碳转型进程。

（五）绿色金融影响钢铁行业低碳转型的调节效应

第一，调节效应模型构建。为了验证绿色技术水平与钢铁出口规模对绿色金融影响钢铁行业低碳转型的调节效应，即假设 4 与假设 5，我们构建调节效应模型如下：

$$EFF_{it} = \beta_o + \beta_G FI_{it} + \beta_2 Q_{it} + \beta_3 GDI_{it} \times Q_{it} + \beta_4 X_{it} + \alpha_{it} \qquad (16)$$

其中，Q_{it} 为调节变量，$GFI_{it} \times Q_{it}$ 为交互项，X_{it} 为控制变量，包括经济发展水平、工业化水平、环境规制、外商直接投资水平和政府干预。

第二，调节效应回归结果分析。首先，我们对绿色技术创新调节效应进行分析。结合公式（16）将绿色技术发展水平（GRD）作为调节变量进行回归，在回归前将调节变量绿色技术发展水平（GRD）和核心解释变量绿色金融发展水平（GFI）进行去中心化处理。其次，采用去中心化的交互变量进行回归分析，回归结果如表 3 - 15 所示。

表 3 - 15　　　　　　　　绿色技术创新的调节效应回归结果

变量名称	(1)	(2)
	EFF	EFF
GFI	2. 218 ***	1. 242 ***
	(0. 189)	(0. 262)
GRD		0. 163 ***
		(0. 0180)

续表

变量名称	(1)	(2)
	EFF	EFF
GRD × GFI		0.362***
		(0.109)
EDL	-0.235**	-0.386***
	(0.0949)	(0.0574)
EDR	2.271	9.496**
	(5.507)	(4.772)
INL	0.695***	0.772***
	(0.218)	(0.192)
GOV	-0.609***	0.479**
	(0.148)	(0.191)
FDI	-2.657***	-1.962**
	(0.928)	(0.807)
截距项	2.338**	2.565***
	(1.016)	(0.579)
个体效应	固定	固定
时间效应	固定	固定
样本量	290	290
拟合优度	0.614	0.694

　　从表3-15中可以看出，第（2）列中绿色技术发展水平对钢铁行业低碳转型的影响系数为0.163，并且结果在1%的水平下显著，说明绿色技术发展确实会促进钢铁行业低碳转型水平的提高；同时绿色金融发展水平与绿色技术发展水平的交互项系数对钢铁行业低碳转型的影响系数也为正（0.362），同样在1%的水平下显著，表明绿色技术的进步能够很好地加强绿色金融对钢铁行业低碳转型的正向促进作用。根据上述公式（16）可得我们所关注的调节影响为：

$$\frac{\partial\ (EFF)}{\partial GFI} = \beta_1 + \beta_3 Q_{it} \tag{17}$$

此时调节变量为绿色技术发展水平（GRD），进一步得出公式：

$$\frac{\partial\ (EFF)}{\partial GFI} = \beta_1 + \beta_3 GRD_{it} \tag{18}$$

结合第（1）列回归结果，我们可以得出绿色技术发展水平对绿色金融发展水平影响钢铁行业低碳转型的正向调节的影响系数为 $2.218GRD_{it} + 1.242$，也就是说每单位绿色技术进步的增加，为绿色金融促进钢铁行业低碳转型带来的边际效应就随之增强，假设 4 成立。

接下来我们对出口规模调节效应进行分析。同样依据公式（16）将钢铁行业出口规模（ESS）作为调节变量进行回归，在回归之前仍旧将核心解释变量——绿色金融发展水平（GFI）和调节变量——钢铁行业出口规模（ESS）数据进行去中心化处理，采用去中心化的调节变量进行调节效应回归分析，回归结果如表 3 – 16 所示。

表 3 – 16　　　　　　　　出口规模的调节效应回归结果

变量名称	（1）	（2）
	EFF	EFF
GFI	2.218 ***	1.930 ***
	(0.189)	(0.202)
ESS		0.0529 ***
		(0.00878)
GFI × ESS		0.222 **
		(0.102)
EDL	– 0.235 **	– 0.338 ***
	(0.0949)	(0.0908)
EDR	2.271	– 4.993
	(5.507)	(5.322)

续表

变量名称	(1)	(2)
	EFF	*EFF*
INL	0.695 ***	0.283
	(0.218)	(0.216)
GOV	− 0.609 ***	− 0.283 *
	(0.148)	(0.158)
FDI	− 2.657 ***	− 3.060 ***
	(0.928)	(0.882)
截距项	2.338 **	2.555 ***
	(1.016)	(0.957)
个体效应	固定	固定
时间效应	固定	固定
样本量	290	290
拟合优度	0.614	0.661

从表 3 – 16 中可以看出，钢铁行业出口规模对钢铁行业低碳转型的影响系数为正（0.529），并且结果在 1% 的水平下显著，表明钢铁行业出口规模的扩大能够促进钢铁行业低碳转型水平的提升，同时绿色金融发展水平与钢铁行业出口规模的交互项系数对钢铁行业低碳转型的影响系数同样为正（0.222），在 5% 的水平下显著，表明钢铁行业出口规模的增加能够加强绿色金融发展水平对钢铁行业低碳转型的正向促进作用。结合公式（17）同样可以推断出我们关注的调节变量——出口规模的影响函数：

$$\frac{\partial\ (EFF)}{\partial GFI} = \beta_1 + \beta_3 ESS_{it} \qquad (19)$$

结合公式（19）和第（1）列、第（2）列的回归结果可以得知，钢铁行业出口规模对绿色金融正向促进钢铁行业低碳转型的作用系数为 $2.218 ESS_{it} + 1.930$，这表明钢铁行业出口规模越大，各企业获得的资金也就越多，经济效益向好且有进一步低碳转型思想的钢铁企业就会更容易得到绿色金融的资金支持，从而进一步加强绿色金融对钢铁行业低碳转型的正向促进作用。每单位钢铁行业出口规模的增加，为绿色金融推进钢铁行业低碳转型带来的边际效应就相应增强，与我们预期一致，假设 5 成立。

五　研究结论与政策建议

（一）研究结论

中国的绿色金融水平还在持续发展和提高，这对中国社会整体低碳转型和绿色发展有着十分重要的意义，钢铁行业作为低碳减排的重难区域，更需要绿色金融的支持。为了研究绿色金融对钢铁行业低碳转型的影响机制，我们在大量梳理有关文献的基础上，首先从理论层面分析绿色金融如何通过不同角度推进钢铁行业低碳转型的渠道和机制。其次选用 2011—2020 年的省级面板数据进行实证分析。对于绿色金融对钢铁行业低碳转型的总体影响以及对不同区域的影响，我们选用双向固定效应模型进行分析，并对总体回归模型进行稳健性检验。随后对绿色金融对钢铁行业低碳转型的其他影响机制进行分析，一是利用门槛模型探讨不同绿色金融水平对钢铁行业低碳转型的影响效果；二是探讨不同钢铁产量规模地区绿色金融对钢铁行业低碳转型的影响效果；三是采用调节效应模型，分别对绿色技术创新、钢铁行业出口规模在绿色金融影响钢铁行业低碳转型中的调节促进作用进行分析。本章研究得到的结论如下。

第一，绿色金融的发展有利于赋能我国钢铁行业，推动其实施低碳转型战略。绿色金融可以通过发挥信号与资金导向、激发淘汰机制与竞争意识及风险分散管理功能来影响钢铁行业的生产方式和意识，转变其原有的粗放发展模式，通过绿色低碳发展进一步获得市场份额和绿色资金支持，形成低碳循环发展。

第二，技术进步在绿色金融影响钢铁行业低碳转型中发挥着积极的促进作用。一方面，绿色金融会通过专项资金支持等途径直接对钢铁行业所需低碳技术进行支持，而这一部分低碳技术的进步也能够有效提高钢铁行业的生产效益和环境效益，帮助钢铁行业在接受绿色金融贷款审核时获得更高评价；另一方面，绿色技术还可以帮助绿色金融更好地对被投资企业的收益和生产周期进行估算，帮助绿色金融精准对有意愿低碳转型并且真正释放低碳转型信号的钢铁企业进行融资，减少信息不对称，提高绿色金融对钢铁行业低碳转型的促进作用。

第三，钢铁行业的出口规模在绿色金融对钢铁行业低碳转型的影响中同样发挥着积极的促进作用。绿色意识的不断兴起促使国际间绿色贸易壁垒不断浮现，我国粗放模式下生产的钢铁产品难以获得进口商的青睐，因此钢铁行业迫于壁垒的压力会寻求绿色金融的资金支持以进行行业内部低碳转型，经过低碳改革的钢铁企业在国际市场出口中有着更大的优势，优势地位带来的贸易便利也会更容易得到绿色资金的支持，进一步加快行业内低碳转型进程。

第四，绿色金融总体上对钢铁行业低碳转型呈显著正相关，能够很好地支持钢铁行业进行低碳转型。从区域回归效果来说，绿色金融对高钢铁产量地区和低钢铁产量地区都有着较为显著的影响，但其对高钢铁产量地区的影响力度高于对全国整体和低钢铁产量地区的影响力度。

第五，绿色金融在不同发展水平下对钢铁行业低碳转型的影响程度不同，存在着非线性特征。门槛值为 0.2594，绿色金融发展水平低于门槛值时对钢铁行业低碳转型效率的影响更强。

第六，通过调节效应的实证结果可以进一步了解绿色金融对钢铁行业低碳转型的影响路径，将绿色金融与绿色技术创新水平、钢铁行业出口规模分别形成交互项进行回归分析，结果显示每单位绿色技术的进步和钢铁行业出口规模的扩大都能够显著提高绿色金融对钢铁行业低碳转型的推动作用，能够有效帮助绿色金融促进钢铁行业低碳转型效率的提高。

（二）政策建议

根据研究结论并结合我国发展现状，提出以下政策建议。

　　第一，丰富绿色金融产品，完善钢铁行业绿色金融服务体系。中国目前处于经济转型和高质量发展的重要时期，以钢铁行业为代表的高污染棕色企业转型之路背负着"时间紧，任务重"的巨大压力，低碳转型的资金难寻仍是这些高碳行业面临的痛点，亟须绿色金融给予支持，但我国目前绿色金融结构单一，针对高碳产业的灵活性，绿色资金项目占市场体量较小，市场未来发展潜力巨大。

　　（1）建立差异化、精细化、灵活化、精准化绿色金融服务体系，鼓励"托盘经营"、绿色创新发展专项资金、低碳转型信贷债券等绿色金融工具的发展，在行业企业准入标准、风险偏好、经济效益与生态效益考核等方面实施针对性管理，建立支持钢铁行业低碳转型的多元化、多层次绿色金融组织体系，全方位为钢铁行业低碳转型提供绿色金融服务，并且做好转型金融与绿色金融的衔接，全方位发挥金融对钢铁行业低碳转型的促进作用。

　　（2）重视钢铁行业产业链整体"低碳化"，打造"低碳钢铁"产业链，金融机构要助力钢铁行业建立绿色信息共享平台，鼓励行业内企业借助绿色公开信息探索钢铁生产的能源循环利用和低碳发展"洼地"，洞察行业内转型需求，整合上下游资源，促使钢铁原生产链向"绿色化""低碳化"转变。

　　第二，优化省际间资源配置，推动跨区产能合作。我国目前钢铁行业低碳转型和绿色金融发展水平不一，省域间差距悬殊，各省际在资源优势、技术水平等方面都存在着不同的优势，这些条件都为跨区合作提供了可能。

　　（1）各地政府应基于不同的优势条件，对绿色资金在钢铁产业间的转移加以引导，并加强绿色金融的流动和集聚效应，建立并完善钢铁行业低碳转型的绿色金融发展指引，积极优化发展钢铁产业绿色产品，优化行业营商环境。

　　（2）毗邻的高钢铁产量省份与低钢铁产量省份可以通过建立钢铁产业园的方式缓解省际壁垒带来的不便，帮助省际间形成良好的上下游生产体系，以此缩小各地工业技术水平差距，实现各地域间的协同发展。

第三，激发低碳技术创新活力，提高技术成果转化比例。低碳技术是钢铁行业转型中的关键所在，政府和金融机构应该加强对技术的投资。值得关注的是，在现有考察背景和研究下，很多地方政府只注重低碳技术的支出总额却忽略技术成果转化比例和投资成效，频繁地将资金流入重复性技术项目或无意义项目，导致技术投资领域存在很大程度的资源错配和效率低下等问题（Gilbert & Zhao，2017）。改善该问题要从源头筛选、发展过程和成果落地三个角度出发。

（1）要建立和完善绿色低碳技术项目筛选机制与流程，在引导金融资金流向钢铁行业创新领域的同时识别重复投资项目和无效项目，形成信息库以供参考，并积极发挥中介机构的服务作用和桥梁作用，发展培育第三方中介机构的技术甄别能力，对研发投入项目进行技术评估并出具技术发展前景分析和投入风险与收益比，进而优化绿色金融的资源配置作用。

（2）要对被投资的低碳项目或技术收益及投入周期进行合理估算，杜绝无理延长周期或造假技术收益的行为，一定程度上杜绝企业利用虚假低碳项目骗取投资等行为。

（3）要畅通技术成果转化通道，金融机构要充当连接企业和科研机构的桥梁以便资金与信息的流通，同时协调多方主体进行合作转化与开发。既要让绿色金融成为技术创新的保障，也要让技术创新成果激发绿色金融投资动力。

第四，坚持扩大对外开放，开展国际性绿色发展合作。在经济全球化的今天，经济与金融的发展必然是互通的、非封闭的，并且我国钢铁行业生产产品的出口额占全球钢铁产品的比重也能体现出我国钢铁行业在全球市场和整个钢铁类供应链中的巨大影响力和重要地位。因此，绿色金融对钢铁行业绿色低碳化转型的影响必然会与其他国家产生涟漪、相互影响。所以，为了更好地加强绿色金融推进钢铁行业低碳转型的实施效果，完成整体低碳转型，各方要积极开展国际性绿色发展合作，互相交流学习先进经验。

（1）搭建国际性绿色技术等知识学习平台，通过原有的"一带一路"、上海合作组织等区域合作平台与其他国家积极沟通，学习交流先进低碳技术、环保类知识。

（2）我国金融机构应积极与各类国际投资银行等金融机构开展国际化绿色金融合作和交流，构建国际性绿色金融交流平台和组织机构，分享各国的绿色金融发展经验，要对外资投资包括钢铁行业低碳化转型的各类环保项目在满足融资标准时放宽审核条件，优化钢铁行业的绿色融资渠道，推动钢铁行业的均衡可持续发展及绿色经济新格局的构建。

第四章　碳排放权交易有助于电力企业绩效的提升吗？

内容提要：碳排放权交易作为绿色金融中的重要内容，是政府实现双碳目标和高质量发展目标的一种关键政策工具。电力行业是我国第一批加入碳排放权交易试点的企业，因此，研究碳排放权交易对我国电力行业各企业的绩效水平产生的影响，对推动电力企业及碳排放权交易市场的发展具有重要意义。本文通过对中国电力行业发展现状的分析，认为碳排放权交易将从降低减排成本、利用减排技术增加经济收益、降低企业风险及传递良好信号等方面影响电力行业上市公司绩效。在此基础上，本文选取69家电力行业A股上市公司2010—2021年的面板数据，构建多时点双重差分模型对理论分析提出的假设进行实证检验，结果表明，碳排放权交易对我国电力行业上市公司绩效有显著的提升效果，且市场化水平越高，则提升效果越明显。但碳排放权交易对产权不同、规模不同的电力行业上市公司绩效的影响存在异质性。根据研究结论，本章分别从政府管理层面和电力企业运营层面提出了进一步发展的政策建议。

关键词：碳排放权交易；电力行业；公司绩效；影响

控制及减少人类在各种生产生活中的碳排放，是环境保护中的重要环节，也是绿色金融关注的重点。我国一直致力于实现节能减排的目标，并利用低碳发展战略规划带领我国各个行业进行转型升级，以实现绿色可持续发展。2011 年 10 月，我国《关于开展碳排放权交易试点工作的通知》发布后，先后启动了北京市、天津市、上海市、重庆市、广东省、湖北省、深圳市、福建省碳排放权交易试点工作。2021 年 7 月 16 日，全国统一的碳排放权交易市场正式开启上线交易，发电行业率先纳入交易体系。全国碳排放权交易市场第一个履约周期于"十四五"时期正式启动，第二个履约周期在 2022 年 3 月到 12 月进行。拓展期为 2023 年及以后，在此期间，水泥、电解铝、钢铁及石油化工等行业将被纳入碳排放权交易体系，加入配额履约和市场交易。

电力行业是我国国民经济发展中重要的基础性产业，同时，也是我国碳排放中所占比例最大的产业。在我国节能减排工作有序推进过程中，电力行业是助力国家碳减排目标实现的重要动力源泉。在碳排放权交易的政策管控之下，有限的碳排放额度加上差额交易，会对电力行业各主体产生巨大影响。企业的生产和经营活动是碳排放的主要来源，短时间内，减少碳排放将使电力行业面临一定的经济压力。但是长期看，一定的压力能使电力行业创新意识、创新行为和创新能力都得以提高，能源结构的转型升级速度加快，电力行业各企业竞争力增强，在未来市场竞争中取得优势。解决好电力行业的环境保护问题，是实现节能减排和经济社会可持续发展的关键。由此可见，深入、系统地分析和研究碳排放权交易对电力行业各企业的影响至关重要。

本章的边际贡献，一是从微观视角研究碳排放权交易对于电力上市公司绩效的影响，丰富了微观层面的研究；二是将市场发育程度作为调节变量，研究市场化水平在碳排放权交易影响我国电力行业上市公司绩效的过程中产生的作用，丰富了碳排放权交易的影响机制研究；三是针对我国电力行业各企业的不同性质，对其影响的异质性进行了分析，并就此提出了差异化发展建议。

一　相关文献梳理与评述

第一，关于碳排放权交易及其影响的相关研究。Dales（1968）首次提出排污权交易，此后对排污权交易及其影响的研究随之展开。Raphael 等（2016）研究发现欧盟碳排放权交易在显著降低参与交易的企业碳排放量的同时，还提高了其低碳创新水平，促使欧洲低碳专利数量不断增长，并且该交易体系并未对其他技术产生挤出效应。易兰等（2018）通过对我国碳排放权交易试点地区 2013—2016 年数据的研究，得出我国碳排放交易市场与欧盟碳排放交易市场相比，市场活跃度较低，资源配置作用未得到良好发挥，履约的管理难度较大。仲云云（2016）研究认为，碳排放权交易这一市场机制有助于减少全球温室气体的排放，也是我国电力企业降低碳排放的重要渠道。李胜兰和林沛娜（2020）研究得出，碳排放权交易既有利于减少地区碳排放量，也有利于减少地区工业废水、二氧化硫和固体废弃物的排放，影响渠道主要是优化能源结构和倒逼技术创新。潘敏和王晨（2022）的研究表明，碳排放权交易会降低上市公司碳排放量，并且降低效果受公司规模和公司产权性质的影响。王敏和胡忠世（2021）的研究显示，碳排放权交易政策对于试点地区产业集聚有显著影响，且中部地区受到的影响最大。Wei 等（2018）对我国电力行业的研究结果表明，碳排放权交易对整体经济水平有负面影响，但长期看，电力清洁生产的发展会逐渐消除这种影响。

第二，关于电力行业上市公司绩效评价的相关研究。有学者用财务指标来衡量电力企业绩效。王乐（2017）对中国电力行业企业绩效受营运资金管理效率的影响进行了研究，选用 2010—2015 年 A 股上市电力公司的数据，用总资产净利率（ROA）来衡量电力企业的总资产运用效果，将其作为企业绩效的指标，并指出财务指标在衡量企业绩效方面的优势。李烨和黄速建（2016）运用国有企业层级、董事会特征、地域特征等不同因素对企业综合绩效影响情况展开研究，运用因子分析法，通过总资产收益率（ROA）、净资产收益率（ROE）和每股收益（EPS）构建的上市公司绩效综合衡量指标来度量绩效水平。Hassan 和 Romilly（2018）在研究公司绩效与温室气体排放之间的关联时，选择总资产报酬率作为衡量指标，研究表明，较低的排放与较好的绩效表现密切相关，控制温室气体排放对公司绩效水平提升有重要影响。张峰等（2021）在研究我国制造业如何应对进口竞争时，采用总资产净利率（JROA）作为公司绩效的衡量指标。赵世君等（2022）以2012—2020年间高新技术上市公司为研究对象，探究企业多元化经营对其绩效水平的影响效果时，选用总资产报酬率（ROA）来衡量绩效水平，并采用EVAR作为绩效水平的代理变量进行稳健性检验。刘满芝等（2022）在研究政府补贴对新能源 A 股上市公司绩效的影响及其影响机制的过程中，选用营业收入增长率作为新能源企业绩效的衡量指标。

第三，关于碳排放权交易对电力行业上市公司绩效影响的相关研究。电力行业是我国最早加入碳排放权交易试点的行业，也是把握着国民经济命脉的行业，学者们对其绩效所受影响颇为关注。部分研究表明，严格的环境规制会使电力上市公司绩效受到冲击。Zhu（2016）通过研究电力行业各企业减排过程中政府补贴的分配情况发现，政府津贴的分配机制不当容易造成正常产能与落后产能之间的竞争扭曲。Yiyi（2019）通过模拟碳排放权交易的成本传导机制，对我国电力部门的碳排放权交易试点情况进行研究，认为受严格价格规制政策的制约，我国电力部门发电成本很难实现生产者和消费者之间的合理转移，减排成本在某种程度上可能导致电力部门经营绩效滑坡，总产出水平降低。也有研究指出，若企业能积极参与碳排放权交易，借助所得到的机会与补贴不断改进，就能在环境保护与经济效益之间达到平衡状态。Fabra（2014）通过对欧洲碳排放权交易第一阶段的交易情况进行实证分析，并研究西班牙电力公司在碳排放权交易市场中的表现，发现在碳排放权交易增加电力行业各公司减排成本的同时，各公司会采取调整电价等方式来降低其受到的不利影响，使得参与碳排放权交易不仅能够降低碳排放，为环境保护做出贡献，也能增加企业的经济利润，提高上市公司绩效表现。Sijm 等（2016）在研究碳排放权交易对荷兰与德国的电力企业影响的过程中发现，这两个国家存在碳配额超额分配情况，这会使企业从交易中获利，提升企业绩效水平。马明娟（2019）对我国电力企业的发电技术转化、碳排放权交易情况、市场表现等进行研究，结果表明，碳排放权交易可纳入资产负债表外的环境因素，增强低碳发电技术的竞争力，并且对电力企业的整体减排成本有一定的降低效果，有利于提高企业绩效情况。谈多娇等（2022）以电力行业A股上市公司为研究对象，探究了参与碳市场、电力公司内部控制效率和碳信息质量之间的关系，结果表明内部控制效率越高，则参与碳排放权交易的电力企业披露的碳信息质量越高。

第四，文献评述。通过梳理有关碳排放权交易及电力行业公司绩效的文献可以发现，目前关于碳排放权交易的文献很多，但研究方向大多集中在碳排放权交易的发展现状、制度设计及减排效应等方面，为本章的理论分析提供了一定的基础。关于碳排放权交易的经济效应的研究，大多聚焦于我国宏观经济层面，较多关注研究碳排放权交易对一个国家、地区或城市经济发展情况的影响情况。我们认为，企业是经济发展的重要微观主体，现有研究中关于碳排放权交易对微观企业绩效的研究起步相对较晚，对于其影响机制的研究也大多集中在企业技术创新及企业社会责任承担的中介作用。此外，现有文献关于碳排放权交易对电力行业上市公司绩效的影响方向多有争议，缺乏对其影响机制及异质性影响的研究。因此，本章收集了我国电力行业A股上市公司的数据，将理论分析和实证分析相结合，从碳排放权交易对电力上市公司绩效的影响、影响机制及不同类型电力企业受到的不同程度影响这几个方面出发展开研究，以期拓展和丰富理论研究并对实践提出参考意见和政策建议。

二 碳排放权交易对电力企业绩效的影响及其机制

（一）我国碳排放权交易与电力企业绩效的影响因素

碳排放权交易属于绿色金融范畴，碳排放权具有商品和金融的双重属性,其本质是一种金融活动,碳市场是按照金融市场规律建立起来的,背后体现的正是碳金融概念。现今的碳排放权交易不仅包含现货交易,还衍生出以碳为基础的期权、期货和基金等各种碳金融产物。碳排放权交易既有利于实现可持续发展目标,又契合环境金融创新的发展方向,能促进企业加强碳排放管理。

从 2011 年起,我国陆续在北京市、天津市、上海市、重庆市、广东省、湖北省、深圳市及福建省开展碳排放权交易试点。截至 2021 年12 月 31 日,试点碳排放权交易市场成交量累计达到 7.9 亿吨左右。各地交投情况详见表 4 – 1。

表 4 – 1　　　　　试点地区碳排放权交易市场累计
成交量、成交额、成交均价及其占比情况

试点地区 (省市)	成交量 (亿吨)	成交量占比	成交额 (亿元)	成交额占比	成交均价 (元/吨)
湖北	3.63	46%	86	44%	23.64
广东	1.99	25%	46	24%	23.80
上海	0.48	7%	13	7%	25.13
北京	0.47	6%	21	11%	44.54
天津	0.27	3%	6	3%	22.61
重庆	0.22	3%	4	2%	15.99
福建	0.13	2%	3	1%	19.94

数据来源:国家生态环境部官网。

2021 年,我国全国性碳排放权交易市场正式启动,年度覆盖二氧化碳排放量约 45 亿吨,跃升为全球覆盖碳排放量最大的碳排放权交易市场,为我国"十四五"时期的生态文明建设奠定了坚实基础。目前,我国碳排放权交易市场运行平稳有序,交易价格稳中有升,碳排放权交易市场运行框架在全国范围内基本建立,各个关键环节间的堵点和难点初步打开,价格发现机制作用初步显现,企业减排意识和能力明显增强，达到了预期的建设目标。

我国电力企业是国民经济的命脉，承担着为企业及居民发电、输电的重要任务，还因自身对环境资源依赖度高的特性面临着减排压力。因此，我们需要探究参与碳排放权交易是否会对我国电力上市公司绩效产生影响，影响如何？以期为电力企业进一步发展提供依据。

电力企业在经营过程中，其绩效受到多种因素影响。宏观层面上，其一，电力上市公司的发展很大程度上受其所处地区的整体发展水平影响，经济发达的地区往往资源丰富、资金流动性强，可弥补企业在资源与资金方面的缺口，而国家各方面政策的倾斜也有助于企业在陷入困境时及时获得帮助。其二，环境规制政策也会对电力上市公司绩效产生影响。根据 2017 年发布的《全国碳排放权交易市场建设方案（发电行业）》，发电行业属于我国碳排放权交易试点的第一批次行业。我国是燃煤发电大国，降低碳排放的潜力巨大，发电装机容量领先全球，这也是我国实现低碳经济中至关重要的一环。碳排放权交易政策会影响电力行业各公司的成本、收益及战略规划，从而影响企业绩效。微观层面上，电力企业绩效还受其自身情况的影响，包括公司规模、资本结构、营运能力等。其一，规模较大的公司通常实力强劲，具有较高的市场地位，在行业中占据重要位置，有利于其经营绩效的稳定和提升。其二，公司资本结构可以反映其融资偏好，可用来预测其面临的风险大小，进而影响公司绩效。其三，在股权分布较为集中的公司中，大股东对公司经营状况的关注度较高，内部控制力度强，有助于及时解决不利于提升企业绩效的各类状况。

（二）碳排放权交易对电力企业绩效的影响机制

第一，碳排放权交易促使电力上市公司降低减排成本。如果电力企业碳排放量较高但分配到的碳配额不足，就需解决碳排放量超标的问题。这部分电力企业可以通过市场化的手段，在碳排放权交易市场上买入其他电力企业售出的多余碳配额来履约，避免诸如罚款等环境规制政策对企业经济绩效的影响。同时，根据外部性理论和波特假说，当环境成本内部化，成为企业自身需负担的成本时，会加剧企业的危机感，倒逼企业迅速启动技术改革，通过加大研发投入和引入技术人才等手段提高减排能力，不断降低减排成本，并将推动企业改进管理策略，优化生产经营过程中的低效率环节，使企业面对日益严格的环境规制政策的能力更强，努力实现环境目标和经济目标的双达标，有利于企业整体绩效水平提升。

第二，碳排放权交易推动电力上市公司积极利用减排技术实现创新。如果电力企业减排技术较为先进且减排成本较低，会通过已掌握的先进清洁技术来率先减排，使企业的碳排放量符合国家制定的标准，并且使其碳配额有余，即可获得在碳排放权交易市场上卖出碳配额的机会并获取额外经济收益，提升上市公司绩效水平。这种正反馈能为企业带来正向激励效果，激发电力企业进一步发展清洁技术、使用清洁能源，通过降低碳排放量来获取经济上的收益，形成"降碳技术先进—碳配额富余—卖出碳配额—获得经济收益—进一步获得减排动力—不断减少碳排放"的良性循环。处于此类良性循环中的电力企业不仅能实现自身绩效水平的提升，还能提高企业在整个行业中的地位。

第三，碳排放权交易促使电力企业缓解融资约束。随着低碳理念逐渐融入我国国民生产生活的各个角落，碳排放量监管日益严格化，电力企业为了规避法律法规惩处，也为了展示企业承担社会责任的形象，积极配合国家环境规制政策，将低碳发展理念融入企业长期发展战略。与此同时，电力企业积极参与碳排放权交易，有利于获得国家发放的绿色补贴与扶持及外部投资者的资金投入，从而拓宽电力企业的融资渠道，缓解其融资约束问题，为其绩效水平的提高提供了良好保障。

综上所述，碳排放权交易从降低减排成本、提高企业收益、规避风险与处罚、传递良好信号等方面对我国电力企业绩效产生正向影响。就此我们提出第一个假设。

假设1：碳排放权交易有利于提升我国电力企业绩效。

(三) 碳排放权交易影响电力企业绩效的调节机制

碳排放权交易是市场激励型工具,其政策效果与市场的发育程度有密切联系。市场激励型的环境规制方法的效果与其所在市场是否具有完善的市场机制有重要联系。碳排放权交易是一种市场激励型的环境规制方法,其核心是通过将碳排放权作为一种商品在市场上进行交易,形成市场化的价格,来控制各企业的碳排放量,因此,其政策效果与各地区市场的发育程度有密切联系。

首先,如果企业处于市场化水平高的地区,则会受到更严格的监管,企业内部治理与控制更加规范。在市场化程度高的地区,企业信息披露质量高,且中介机构数量较多,有助于缓解公司与外界之间的信息不对称问题,促使投资者对企业价值进行准确的评估,做出合理投资决策,缓解企业融资约束,为企业的生产发展提供充足资金,有利于绩效水平提升。

其次,市场化水平高意味着产品市场与要素市场扭曲程度低、流动性高,有利于引导资金流向绿色创新能力强的企业,调动企业参与降碳工作的积极性,同时也促使企业提高生产与创新效率,激发企业改善经济绩效水平的动力。

最后,基于信号传递理论,信号传递效率依赖于良好的信号外部环境,即制度、文化、外部参照物等。发育完善的市场有助于增强企业信号可观测性,避免信息失真与扭曲。因此,在市场发育较为完善的地区,碳排放权价格会相对稳定可测,有助于正确传递碳排放权交易市场中的信息,为电力企业进一步发展提供参考价值。

综上,市场发育程度在碳排放权交易影响上市公司绩效过程中起着正向调节作用。就此我们提出第二个假设。

假设 2:在市场发育程度较高的地区,碳排放权交易对我国电力企业绩效的提升作用更为显著。

（四）碳排放权交易对电力上市公司绩效影响的异质性

第一，碳排放权交易对电力企业绩效的产权异质性影响。电力行业作为我国第一批纳入碳排放权交易试点的行业，在环境责任方面承担着重要任务。我国电力企业的产权属性可分为国有企业和非国有企业两大类。国有企业的日常经营，一方面要考虑经济效益方面的因素；另一方面也要积极配合政府推行相关政策。因此，企业所有制形式的差异直接导致企业所承担的社会责任有所不同。国有企业在响应国家政策、遵守环境规制方面处于先锋模范地位，具有带头作用，因此其环境责任更大。同时，政府对国有企业遵守有关环境规制的要求也更严格。杨忠智、乔印虎（2013）通过研究得出国有企业对于环境责任的承担情况更好。

综上，我国国有电力企业的绩效水平在参与碳排放权交易的过程中受到正面影响的可能性较大。就此我们提出第三个假设。

假设3：碳排放权交易对我国国有电力企业绩效的提高较为显著。

第二，碳排放权交易对电力上市公司绩效的规模异质性影响。我国电力行业资本较为密集，行业壁垒高，企业发展程度各异，规模不同的企业存在巨大差异。其一，企业规模大小与边际成本之间存在关系。规模较大的企业通常劳动力充足、资金雄厚，更容易实现规模经济，即随着投入增加，边际成本呈逐渐下降趋势。因此，实力强劲的大规模电力企业可通过增加清洁研发投入、购买先进设备、提高生产效率、更新清洁生产技术等方式来降低边际减排成本，提高上市公司绩效及竞争力，进而享有绿色品牌优势。而规模较小的企业通常在资金、技术、人力等各方面均处于劣势，参与碳排放权交易带来的好处不足以抵消其投入的成本，所以难以通过复制大规模企业的路径来降低减排成本，只能通过购买碳排放权交易配额的方式来履行碳排放权交易的规定，增加了企业总成本，对上市公司绩效产生一定的负面影响。其二，规模较大的电力企业其管理及决策部门更成熟，战略布局更科学、长远，注重可持续发展，并且对市场变化的捕捉能力较强，对于新政策的反应速度快，有能力做出及时且适当的调整。近年来，环境问题频发，大规模电力公司认识到自身处于能源密集型行业，污染物排放量相对较高，应将减排纳入企业发展的重要影响因素。因此，在面对新型环境规制政策时，其往往有所准备，能及时转变思路，积极践行新制度，制定更合理的战略规划和目标，将碳排放权交易视为一种发展机会，即力争在确保既定生产任务得以完成的前提下，实现碳排放配额的盈余，进而通过在碳排放权交易市场获利来提高上市公司绩效。相比之下，规模较小的企业管理经验不足，决策时间较长，对新政策的反应慢，较为被动，把握机遇的能力不足。在面对新型环境规制政策时，往往无法及时制定出合理的发展战略，导致企业生产经营计划被打乱，发展受阻，难以借助外部环境制度的变化推动上市公司绩效水平提高。

综上，大规模企业与小规模企业相比，在规模经济和战略调整等方面具有天然优势。就此我们提出第四个假设。

假设4：碳排放权交易对我国大规模电力企业绩效的提高作用较为显著，对小规模上市公司绩效的提高作用不显著。

三 碳排放权交易对电力企业绩效影响的实证分析

（一）变量选取

1. 被解释变量：我国电力行业上市公司绩效，聚焦于电力企业的盈利能力。借鉴刘晓光、刘元春（2019）、张峰（2021）的研究方法，选取总资产净利率 JROA 来衡量上市公司绩效，并用净资产收益率 ROE 替换总资产净利率 JROA 来对研究结论进行稳健性检验。

2. 核心解释变量：我国的碳排放权交易试点政策。由于我国碳排放权交易试点政策只涉及电力行业的部分企业，现有文献大多通过双重差分法构造虚拟变量来衡量该政策。因此，本章也选择使用双重差分法。按照标准的双重差分回归模型，本章共有三个解释变量：Time 为时间变量，将电力企业参与碳排放权交易后的时期取值为 1，否则为 0；Treat 为政策变量，考察企业是否参与了碳排放权交易，将参与碳排放权交易的试点企业记为 1，未参与的记为 0；DID 为 Treat 和 Time 的交乘项，当企业为试点企业且处于试点当年及以后年度时，DID 为 1，反之为 0。

3. 调节变量：市场发育程度。参考郑志刚等（2014）及刘海英等（2022）的做法，选取樊纲等编著的《中国分省份市场化指数报告（2021）》中的市场化指数作为市场发育程度的代理变量。该指数包括五个方面：政府与市场的关系、非国有经济的发展、产品市场发育程度、要素市场发育程度，数值越大意味着市场化水平越高。

4. 控制变量。为减少偏误，本文参考赵振智等（2021）的研究，对其他可能影响我国电力行业上市公司绩效的因素进行控制，分别从宏观层面和微观层面出发，选取微观层面的企业规模、流动比率、资产负债率、总资产周转率、股权集中度和宏观层面的经济发展水平、金融发展水平共 7 个指标作为模型的控制变量。

（1）企业规模（SIZE）：依据现有文献中常用的方法，将"企业年末资产总额的对数值"作为企业规模的衡量指标，充当回归模型的控制变量。

（2）流动比率（LR）：选用流动资产与流动负债的比率来充当企业资产流动性的衡量指标，作为回归模型的控制变量。

（3）资产负债率（LEV）：将企业财务杠杆选定为控制变量。

（4）总资产周转率（TURNOVER）：选择总资产周转率作为控制变量。

（5）股权集中度（OC）：选用"第一大股东持股比例"来衡量股权集中度，并将其选定为控制变量。

（6）经济发展水平（LNPGDP）：选用电力企业注册地所在省份人均 GDP 的对数值来衡量经济发展水平。

（7）金融发展水平（FIR）：选用"金融机构存贷款余额占 GDP 的比重"来衡量企业所在地区的金融发展水平，并将其选定为控制变量。

研究涉及的主要变量如表 4 - 2 所示。

表 4 - 2　　　　　　　　　　　主要变量定义表

变量名称	变量符号	变量说明
总资产净利率	JROA	净利润/企业资产总额
净资产收益率	ROE	净利润/股东权益
政策虚拟变量	Treat	参与碳排放权交易试点则为 1，否则为 0
时间虚拟变量	Time	参与碳排放权交易试点当年及之后为 1，否则为 0
碳排放权交易试点	DID	参与碳排放权交易试点且处于试点当年及以后为 1，否则为 0
市场发育程度	MP	《中国分省份市场化指数报告（2021）》中的市场化指数
企业规模	SIZE	期末资产总额的对数值
流动比率	LR	流动资产/流动负债
资产负债率	LEV	负债总额/资产总额
股权集中度	OC	企业第一大股东持股比例 = 第一大股东持股数/公司总股数
总资产周转率	TURNOVER	营业收入净额/平均资产总额
经济发展水平	LNPGDP	人均 GDP 的对数值
金融发展水平	FIR	金融机构存贷款余额/GDP

（二）样本选取与数据来源

基于数据的可得性与时效性，本文选择 2010—2021 年我国电力行业 A 股上市公司为研究样本，通过 Excel 和 Stata 软件对原始数据进行筛选与处理：剔除已退市及带有 ST、*ST 标志的企业，剔除核心变量数据严重缺失的样本。最终得到 69 家电力上市企业的有效数据，其中，参与碳排放权交易的试点企业为实验组，共 18 家，其余未加入碳排放权交易试点的企业为对照组。试点企业名单来自各省份发改委及生态环境厅发布的文件，上市企业微观数据来自国泰安数据库（CSMAR）与万德数据库（WIND），宏观数据来自国家统计局官网。

（三）模型设定

1. 基准回归的模型设定。考虑到不同企业被纳入碳排放权交易的时间点不同，本章选用多时间点双重差分模型（DID，Difference-in-Differences）研究我国电力企业的绩效水平在参与碳排放权交易前后的变化情况。基于2010—2021年69家电力上市公司的面板数据，以各试点电力企业实际加入碳排放权交易的年份为基期，具体回归模型如下：

$$JROA_{i,t} = \beta_0 + \beta_1 DID_{i,t} + \beta_2 Controls_{i,t} + \gamma_t + u_i + \varepsilon_{it} \quad (1)$$

其中，下标 i 表示第 i 个企业，t 表示第 t 年；被解释变量 JROA 表示该电力上市企业的绩效；系数 β_1 表示我国电力上市公司绩效受碳排放权交易影响的效果；$DID_{i,t}$ 为政策虚拟变量 $Treat_i$ 和时间虚拟变量 $Time_t$ 的交乘项，是本章的核心解释变量，若 i 企业在第 t 年被纳入了碳排放权交易，则 DID 为1，否则为0；系数 β_2 表示控制变量的回归系数；$Controls_{i,t}$ 为本章关于上市公司绩效的控制变量；γ_t 表示时间固定效应；u_i 表示个体固定效应；ε_{it} 为随机扰动项。

2. 调节效应的模型设定。本文在上述式（1）的基础上，将中心化后的 DID 和 MP 的交乘项 $DID*MP$ 加入回归中，检验市场发育程度在碳排放权交易提升我国电力行业上市公司绩效中的调节作用。具体的模型设定如下：

$$JROA_{i,t} = \beta_0 + \beta_1 cDID_{i,t} + \beta_2 DID*MP_{i,t} + \beta_3 cMP_{i,t} +$$
$$\beta_4 Controls_{i,t} + \gamma_t + u_i + \varepsilon_{it} \quad (2)$$

其中，$cDID$ 为中心化后的 DID 值，cMP 为中心化后的市场化指数，$DID*MP$ 为 $cDID$ 与 cMP 的交乘项；其余变量定义与式（1）保持一致。

（四）数据描述与检验

1. 描述性统计。为消除极端值的影响，本文对连续变量进行了1%

水平上的缩尾处理。对全样本、实验组、对照组的主要变量数据情况分别进行描述性统计，结果如表4-3、4-4、4-5所示。

表4-3　　　　　　　　　　全样本的描述性统计结果

变量名称	样本量	平均值	标准差	最小值	最大值
JROA	793	0.023	0.048	-0.216	0.132
ROE	793	0.029	0.240	-1.864	0.273
DID	793	0.195	0.397	0.000	1.000
MP	793	7.824	2.145	1.010	11.015
SIZE	793	23.276	1.466	20.283	26.602
LR	793	1.148	1.569	0.133	11.357
LEV	793	0.583	0.181	0.069	0.927
TURNOVER	793	0.379	0.237	0.046	1.462
OC	793	0.384	0.170	0.121	0.771
LNPGDP	793	4.040	0.488	2.936	5.157
FIR	793	3.671	1.291	1.829	7.552

表4-4　　　　　　　　　　实验组的描述性统计结果

变量名称	样本量	平均值	标准差	最小值	最大值
JROA	215	0.032	0.038	-0.183	0.132
ROE	215	0.069	0.138	-1.511	0.273
DID	215	0.721	0.450	0.000	1.000
MP	215	7.654	2.403	2.445	10.335
SIZE	215	24.198	1.511	20.416	26.602
LR	215	0.731	0.580	0.133	6.129
LEV	215	0.587	0.132	0.296	0.880
TURNOVER	215	0.386	0.210	0.131	1.462
OC	215	0.406	0.173	0.121	0.737
LNPGDP	215	4.345	0.472	2.936	5.157
FIR	215	4.597	1.664	1.986	7.552

表4-5   对照组的描述性统计结果

变量名称	样本量	平均值	标准差	最小值	最大值
JROA	578	0.019	0.051	-0.216	0.132
ROE	578	0.013	0.266	-1.864	0.273
DID	578	0.000	0.000	0.000	0.000
MP	578	7.887	2.039	1.010	8.344
SIZE	578	22.933	1.292	20.283	26.602
LR	578	1.303	1.779	0.133	11.357
LEV	578	0.581	0.196	0.069	0.927
TURNOVER	578	0.376	0.247	0.046	1.462
OC	578	0.375	0.169	0.121	0.771
LNPGDP	578	3.927	0.443	2.936	5.157
FIR	578	3.327	0.907	1.829	7.552

从表4-3、4-4、4-5中可看出，我国电力上市公司的总资产净利率JROA平均值为0.023，其中参与碳排放权交易的实验组总资产净利率均值为0.032，尚未参与碳排放权交易的对照组总资产净利率均值为0.019，说明参与碳排放权交易的电力上市公司绩效表现更佳。同时，净资产收益率ROE的全样本平均值为0.029，其中参与碳排放权交易的实验组净资产收益率均值为0.069，尚未参与碳排放权交易的对照组净资产收益率均值为0.013，也说明实验组的绩效水平更高。由总资产净利率和净资产收益率的统计特征可对碳排放权交易的影响做出初步判断，即碳排放权交易对我国电力上市公司绩效有正向影响。关于控制变量，实验组的企业规模均值、所处地区人均GDP水平均值、所处地区金融发展水平均高于对照组，说明实验组的企业整体规模较大、地区经济水平及金融发展水平均较高。实验组的流动比率低于对照组，而资产负债率、总资产周转率、股权集中度的均值与对照组水平相当。

2. 相关性分析。为确保变量选取合理、实证分析有效，本章在进行基准回归之前对各变量进行相关性分析，结果如表4-6所示。

表4-6 相关性分析结果

	JROA	ROE	DID	SIZE	LR	LEV	TURNOVER
JROA	1						
ROE	0.837***	1					
DID	0.126***	0.099***	1				
SIZE	0.082**	0.139***	0.368***	1			
LR	0.090**	0.0250	-0.127***	-0.334***	1		
LEV	-0.356***	-0.207***	-0.0320	0.377***	-0.563***	1	
TURNOVER	0.071**	0.00300	-0.0280	-0.339***	-0.0100	-0.093***	1
OC	0.198***	0.166***	0.0510	0.378***	-0.0590	-0.0200	0.0260
LNPGDP	0.0350	0.0130	0.483***	0.348***	0.062*	-0.155***	-0.069*
FIR	0.0550	0.0580	0.447***	0.438***	-0.103***	0.0430	-0.166***
	OC	LNPGDP	FIR				
OC	1						
LNPGDP	0.0420	1					
FIR	0.062*	0.628***	1				

注:***、**、*分别表示在1%、5%、10%的显著性水平下显著。

由相关性分析表4-6可知,JROA和ROE相关性较强,可一起作为上市公司绩效的评价指标。此外,核心解释变量DID与JROA、ROE存在显著的正相关,与预期假设一致,初步验证了假设的合理性,但考虑到相关系数矩阵仅衡量双变量之间的关系,未排除控制变量及潜在变量(如时间效应以及个体效应)的干扰,故结果仅供参考,具体关系还需根据进一步的回归分析来确定。

3. 平行趋势检验。为确保研究结果不受其他因素影响,本章用current代替各电力企业实际开始参与碳排放权交易试点的时间,参考刘海英和郭文琪(2022)选取参与碳排放权交易前后各4年的数据,用参与碳排放权交易试点的前一年作为基准年,用pre表示政策实施前的第

i 年，用 post 表示政策实施后的第 i 年，检验结果如表 4 - 7 和图 4 - 1 所示。

表 4 - 7　　　　　　　　　　平行趋势检验结果

变量名称	（1）	（2）
	JROA	JROA
pre4	− 0. 0242	− 0. 0201
	（0. 0157）	（0. 0145）
pre3	− 0. 0048	− 0. 0096
	（0. 0099）	（0. 0090）
pre2	0. 0005	− 0. 0045
	（0. 0094）	（0. 0086）
Current	0. 0376 ***	0. 0318 ***
	（0. 0093）	（0. 0084）
post1	0. 0291 ***	0. 0243 ***
	（0. 0095）	（0. 0086）
post2	0. 0049	0. 0078
	（0. 0094）	（0. 0085）
post3	0. 0140	0. 0159 *
	（0. 0094）	（0. 0085）
post4	0. 0150	0. 0155 *
	（0. 0092）	（0. 0083）
Constant	0. 0191 ***	− 0. 6529 ***
	（0. 0020）	（0. 1102）
Observations	793	793
R-squared	0. 386	0. 510
控制变量	未控制	控制
个体固定效应	控制	控制
时间固定效应	控制	控制

注：括号内为标准误；***、**、* 分别表示在 1%、5%、10% 的显著性水平下显著。

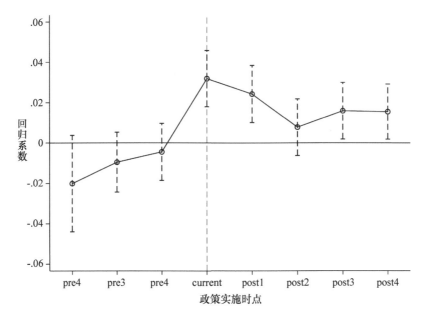

图 4 - 1　平行趋势检验结果

如图 4 - 1 所示，政策实施前各年份的回归系数在 90% 的置信区间
包含 0，表明实验组和对照组的变化趋势无明显事前差异，通过了平行
趋势检验。同时，在政策实施后，除 post2 的回归系数为正向但不显著
外，其他各期均为正向显著，政策效果良好。

（五）DID 回归结果分析

本章通过双重差分法来检验碳排放权交易对我国电力行业上市公司
绩效的提升作用，采用逐步加入控制变量的回归方式，并且控制了个体
固定效应和时间固定效应，表 4 - 8 展示了基准回归的结果。

列（1）为不加入控制变量的回归结果，DID 在 5% 的置信水平上
显著为正，系数为 0.0177，表明在不考虑其他控制变量对政策效果的
影响时，碳排放权交易会显著提升我国电力行业上市公司绩效；列
（2）—（8）为逐步加入各个控制变量的回归结果，DID 至少在 5% 的

表4-8

基准回归结果

变量名称	(1) JROA	(2) JROA	(3) JROA	(4) JROA	(5) JROA	(6) JROA	(7) JROA	(8) JROA
DID	0.0177**	0.0201***	0.0201***	0.0159**	0.0165**	0.0166**	0.0151**	0.0156**
	(0.0072)	(0.0072)	(0.0072)	(0.0066)	(0.0065)	(0.0065)	(0.0066)	(0.0066)
SIZE		0.0073**	0.0089**	0.0201***	0.0271***	0.0288***	0.0288***	0.0295***
		(0.0034)	(0.0035)	(0.0033)	(0.0037)	(0.0041)	(0.0041)	(0.0041)
LR			0.0031**	-0.0050***	-0.0046***	-0.0046***	-0.0045***	-0.0044***
			(0.0015)	(0.0015)	(0.0015)	(0.0015)	(0.0015)	(0.0015)
LEV				-0.1916***	-0.1905***	-0.1913***	-0.1885***	-0.1855***
				(0.0159)	(0.0158)	(0.0158)	(0.0160)	(0.0161)
TURNOVER					0.0384***	0.0406***	0.0409***	0.0435***
					(0.0101)	(0.0103)	(0.0103)	(0.0105)
OC						-0.0194	-0.0175	-0.0176
						(0.0176)	(0.0176)	(0.0176)
LNPGDP							0.0161	0.0272*
							(0.0132)	(0.0154)
FIR								-0.0079
								(0.0056)
Constant	0.0191***	-0.1507*	-0.1918**	-0.3317***	-0.5089***	-0.5430***	-0.6098***	-0.6440***
	(0.0020)	(0.0792)	(0.0814)	(0.0751)	(0.0878)	(0.0931)	(0.1080)	(0.1106)
Observations	793	793	793	793	793	793	793	793
R-squared	0.366	0.370	0.374	0.480	0.491	0.492	0.493	0.494
个体固定效应	控制	控制	控制	控制	控制	控制	控制	控制
时间固定效应	控制	控制	控制	控制	控制	控制	控制	控制

注：括号内为标准误；***、**、* 分别表示在1%、5%、10%的显著性水平下显著。

置信水平上显著为正，表明在控制了其他影响上市公司绩效的因素后，仍能得出碳排放权交易会显著提升电力行业上市公司绩效的结论。该回归结果初步验证了本章提出的假设1，即碳排放权交易对我国电力行业上市公司绩效有显著提升作用。关于控制变量，企业规模的回归系数为0.0295，总资产周转率的回归系数为0.0435，均在1%的置信水平上显著为正，表明企业规模和总资产周转率均与电力行业上市公司绩效成正相关。资产负债率的回归系数为 −0.1855，在1%的置信水平上显著为负，表明资产负债率与电力行业上市公司绩效成反比，资产负债率越高，越会降低上市公司绩效水平。

（六）调节效应回归结果分析

表4−9为调节效应的回归结果。其中，列（1）为未加入交乘项 MID * MP 的回归结果，cDID 在1%的置信水平上显著为正，回归系数为0.0155；列（2）为加入交乘项 MID * MP 后的回归结果，cDID 和交乘项 MID * MP 均在1%的置信水平上显著为正，调节变量 cMP 在5%的置信水平上显著为正。该回归结果验证了本章提出的假设2，即市场发育程度在碳排放权交易对我国电力行业上市公司绩效的提升过程中起着正向调节作用。

表4−9　　　　　　　　　　调节效应回归结果

变量名称	（1）	（2）
	JROA	JROA
cDID	0.0155 ***	0.0169 ***
	（0.0033）	（0.0024）
MID * MP		0.0033 ***
		（0.0007）
cMP	0.0011 **	0.0013 **
	（0.0005）	（0.0006）

续表

变量名称	（1） JROA	（2） JROA
SIZE	0. 0295 ***	0. 0297 ***
	（0. 0028）	（0. 0028）
LR	− 0. 0043 ***	− 0. 0043 ***
	（0. 0012）	（0. 0012）
LEV	− 0. 1852 ***	− 0. 1854 ***
	（0. 0091）	（0. 0089）
TURNOVER	0. 0444 ***	0. 0446 ***
	（0. 0042）	（0. 0043）
OC	− 0. 0182 *	− 0. 0188 *
	（0. 0085）	（0. 0088）
LNPGDP	0. 0278 ***	0. 0339 ***
	（0. 0045）	（0. 0045）
FIR	− 0. 0076 **	− 0. 0072 **
	（0. 0025）	（0. 0026）
Constant	− 0. 6675 ***	− 0. 6991 ***
	（0. 0862）	（0. 0877）
Observations	793	793
R-squared	0. 246	0. 249
Number of groups	69	69
个体固定效应	控制	控制
时间固定效应	控制	控制

注：括号内为标准误；*** 、** 、* 分别表示在1%、5%、10%的显著性水平下显著。

（七）异质性影响回归结果分析

本章探究了碳排放权交易对我国电力行业上市公司绩效的提升作用及其作用机制，但受我国企业产权形式及企业规模大小的影响，碳排放权交易的影响可能存在差异，仍需进行探究。

1. 产权异质性回归结果分析。本文根据国泰安（CSMAR）数据库中披露的公司产权形式信息，把我国电力行业上市企业按照所有制形式分为国有企业和非国有企业（包括民营、外资及其他企业），运用 Stata 软件进行分组回归，研究碳排放权交易对不同所有制电力上市公司的异质性影响，回归结果如表 4 - 10 所示。列（1）为国有企业样本的回归结果，回归系数为 0.0134，在 5% 水平上显著为正，表明碳排放权交易对电力上市公司绩效有显著的正向提升作用；列（2）为非国有企业样本的回归结果，回归系数为 0.0452，表明碳排放权交易对电力上市公司绩效的影响为正向但不显著，因此，碳排放权交易对不同所有制的电力上市公司绩效存在差异性影响。至此，本章的假设 3 得以验证。

表 4 - 10　　　　　　　　　产权异质性分析结果

变量名称	（1）国有企业	（2）非国有企业
	JROA	JROA
DID	0.0134 **	0.0452
	（0.0065）	（0.0316）
SIZE	0.0270 ***	0.0256 **
	（0.0045）	（0.0122）
LR	- 0.0030	- 0.0029
	（0.0019）	（0.0038）
LEV	- 0.2070 ***	- 0.0986 **
	（0.0174）	（0.0478）
TURNOVER	0.0352 ***	0.0608 **
	（0.0113）	（0.0263）
OC	- 0.0285	0.0551
	（0.0197）	（0.0490）
LNPGDP	0.0236	0.1462
	（0.0154）	（0.1066）

续表

变量名称	（1）国有企业	（2）非国有企业
	JROA	JROA
FIR	-0.0100*	0.0578*
	(0.0056)	(0.0294)
Constant	-0.5469***	-1.3858**
	(0.1148)	(0.5498)
Observations	649	144
R-squared	0.513	0.549
个体固定效应	控制	控制
时间固定效应	控制	控制

注：括号内为标准误；***、**、*分别表示在1%、5%、10%的显著性水平下显著。

2. 规模异质性回归结果分析。本文依据《统计上大中小微型企业划分办法（2017）》中关于电力行业企业规模的划分标准，将营业收入高于4亿元人民币且企业人员数大于1000的划为大规模企业，反之则为小规模企业，并对其进行分组回归。表4－11为按照规模差异进行分组回归的结果，小规模企业的DID系数为－0.0100，表明碳排放权交易对小规模企业的绩效影响为负向但不显著，而大规模企业系数为0.0140，表明碳排放权交易对大规模企业的绩效影响在5%的置信水平上呈正向显著，因此，碳排放权交易对规模不同的电力上市公司绩效影响存在差异性，对大规模公司的绩效提高作用更明显，对小规模公司的绩效提高作用不显著。本书的假设4得以验证。

（八）稳健性检验

1. 倾向得分匹配法检验。为减小实验组和对照组的系统性差异对双重差分结果的影响，提高样本质量及实证结果可信度，本章采用倾向得分匹配法（PSM）进行研究。协变量包括企业特征和企业所在城市的相关变量，通过近邻匹配，从对照组中 1 : 1 匹配样本，再通过 DID 模型进行实证分析，研究碳排放权交易对我国电力上市公司的绩效影响。若匹配后实验组与对照组的协变量均值差异不显著，说明两组样本满足同质性要求，那么，PSM-DID 法可行，可进行下一步运算。为使倾向得分匹配法更精准，本章进行平衡性差异检验。表 4 – 12 为倾向得分匹配前后平衡性差异检验结果。

表 4 – 11　　　　　　　　　　　规模异质性分析结果

变量名称	（1）大规模企业	（2）小规模企业
	JROA	JROA
DID	0.0140 **	– 0.0100
	（0.0064）	（0.0343）
SIZE	0.0305 ***	0.0249 **
	（0.0046）	（0.0110）
LR	– 0.0020	– 0.0028
	（0.0036）	（0.0026）
LEV	– 0.1829 ***	– 0.1662 ***
	（0.0182）	（0.0378）
TURNOVER	0.0495 ***	0.0693 **
	（0.0113）	（0.0313）
OC	– 0.0134	0.0780
	（0.0182）	（0.0805）
LNPGDP	0.0105	0.1420 *
	（0.0145）	（0.0814）
FIR	– 0.0061	0.0469 *
	（0.0054）	（0.0273）
Constant	– 0.6201 ***	– 1.2181 ***
	（0.1206）	（0.4428）

续表

		（1）大规模企业	（2）小规模企业
变量名称		JROA	JROA
Observations		611	179
R-squared		0.558	0.644
个体固定效应		控制	控制
时间固定效应		控制	控制

注：括号内为标准误；***、**、*分别表示在1%、5%、10%的显著性水平下显著。

表4-12　　　　　　　倾向得分匹配平衡性差异检验结果

Variable	Matched	Treated	Control	% bias	| bias |	t	p > | t |
SIZE	U	24.20	22.93	90	83.10	11.69	0
	M	23.55	23.77	-15.20		-1.310	0.192
LR	U	0.731	1.303	-43.30	89.30	-4.630	0
	M	0.834	0.773	4.600		0.890	0.372
LEV	U	0.588	0.581	3.900	-121.2	0.450	0.655
	M	0.574	0.589	-8.600		-0.840	0.402
TURNOVER	U	0.386	0.376	4	71.10	0.480	0.629
	M	0.416	0.419	-1.200		-0.090	0.931
OC	U	0.406	0.375	18.10	40.60	2.280	0.0230
	M	0.387	0.405	-10.70		-0.920	0.359
LNPGDP	U	4.345	3.927	91.40	85.70	11.62	0
	M	4.146	4.086	13.10		1.320	0.189
FIR	U	4.597	3.327	94.80	91.10	13.69	0
	M	3.728	3.614	8.500		0.980	0.330

从表4-12中可知，匹配后实验组与对照组之间的样本差异性不显著，即其差异性通过倾向得分匹配法得到明显降低，匹配效果较好，表明PSM-DID可行。用倾向得分匹配前后核密度图进行进一步检验，结果如图4-2所示。

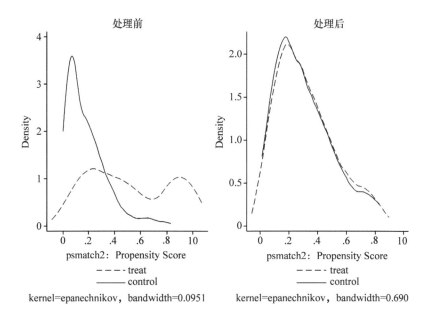

图 4 - 2 倾向得分匹配核密度图

由图 4 - 2 可知，进行倾向得分匹配后实验组与对照组的差异性明显降低。在此基础上，本章以 2010—2021 年的数据为基础，通过 PSM-DID 法研究碳排放权交易对我国电力上市公司绩效的影响，实证结果如表 4 - 13 所示。列（1）为未引入控制变量的回归结果，DID 回归系数为 0.0090，在 10% 的置信水平上显著为正；列（2）为引入控制变量后的回归结果，回归系数为 0.0180，在 5% 的置信水平上显著为正。因此，PSM-DID 的回归结果表明，碳排放权交易对我国电力上市公司绩效有显著正向影响，与 DID 结果基本一致，本章的实证结果较为稳健。

2. 替换被解释变量检验。本章通过替换被解释变量的方法对基准回归及市场发育程度的调节效应进行稳健性检验，即使用净资产收益率 ROE 替换总资产净利率 JROA 作为上市公司绩效的替代变量，来验证碳排放权交易对我国电力行业上市公司绩效的影响及影响机制。检验结果

表 4 – 13   PSM-DID 回归结果

变量名称	（1）	（2）
	JROA	JROA
DID	0.0090*	0.0180**
	（0.0048）	（0.0073）
SIZE		0.0419***
		（0.0058）
LR		– 0.0108**
		（0.0044）
LEV		– 0.1910***
		（0.0277）
TURNOVER		0.0426***
		（0.0079）
OC		– 0.0634***
		（0.0132）
LNPGDP		0.0175
		（0.0332）
FIR		– 0.0172*
		（0.0090）
Constant	– 0.0028	– 0.8995***
	（0.0027）	（0.2548）
Observations	224	224
R-squared	0.103	0.338
Number of groups	53	53
个体固定效应	控制	控制
时间固定效应	控制	控制

注：括号内为标准误；***、**、*分别表示在1%、5%、10%的显著性水平下显著。

如表 4 - 14 所示。列（1）为仅对核心被解释变量与解释变量进行稳健性检验的回归结果，ROE 的回归系数为 0.0501，在 1% 的置信水平上显著为正；列（2）为加入控制变量后的回归结果，ROE 的系数为 0.0535，仍在 1% 的置信水平上显著为正，该结果表明碳排放权交易对我国电力行业上市公司绩效有显著提升效果，本章的结论具有稳健性。列（3）为不加入调节效应交乘项的回归结果，列（4）为加入交乘项的回归结果，交乘项系数在 10% 的水平上呈正向显著。至此，本章的假设 1 与假设 2 的稳健性均得以验证。

表 4 - 14　　　　　　　　　稳健性检验结果

变量名称	基准回归		调节效应	
	（1）	（2）	（3）	（4）
	ROE	ROE	ROE	ROE
DID	0.0501 ***	0.0535 ***		
	(0.0116)	(0.0160)		
cDID			0.0532 ***	0.0561 ***
			(0.0161)	(0.0173)
MID * MP				0.0074 *
				(0.0036)
cMP			0.0106 *	0.0112
			(0.0054)	(0.0062)
SIZE		0.1732 ***	0.1736 ***	0.1740 ***
		(0.0216)	(0.0216)	(0.0217)
LR		- 0.0235 ***	- 0.0229 ***	- 0.0230 ***
		(0.0039)	(0.0034)	(0.0033)
LEV		- 0.8820 ***	- 0.8793 ***	- 0.8797 ***
		(0.0755)	(0.0751)	(0.0746)
TURNOVER		0.1937 ***	0.2025 ***	0.2029 ***
		(0.0131)	(0.0161)	(0.0165)

续表

变量名称	基准回归		调节效应	
	（1）	（2）	（3）	（4）
	ROE	ROE	ROE	ROE
OC		− 0. 1361 **	− 0. 1419 **	− 0. 1432 **
		（0. 0479）	（0. 0487）	（0. 0494）
LNPGDP		0. 1661 **	0. 1720 **	0. 1855 **
		（0. 0673）	（0. 0760）	（0. 0760）
FIR		− 0. 0752 ***	− 0. 0718 ***	− 0. 0708 ***
		（0. 0151）	（0. 0168）	（0. 0162）
Constant	0. 0448 ***	− 3. 9912 ***	− 4. 0365 ***	− 4. 1044 ***
	（0. 0089）	（0. 7003）	（0. 7224）	（0. 7331）
Observations	793	793	793	793
R-squared	0. 0331	0. 192	0. 194	0. 194
Number of groups	69	69	69	69
个体固定效应	控制	控制	控制	控制
时间固定效应	控制	控制	控制	控制

注：括号内为标准误；***、**、*分别表示在1%、5%、10%的显著性水平下显著。

3. 反事实检验。本文设定在其他条件不变的情况下，通过改变政策冲击时间，重新进行双重差分回归，来检验政策效果稳健性。如果改变政策冲击时间后的交乘项 DID1 系数显著，表明我国电力上市公司绩效提升受到碳排放权交易以外的因素影响；如果系数不显著，表明碳排放权交易是我国电力上市公司绩效提升的主要影响因素。本章将碳排放权交易试点启动时间提前 3 年，探究碳排放权交易对我国电力行业上市公司绩效的影响是否仍具有显著性。表 4 - 15 为反事实检验的回归结果，其中，列（1）为未加入控制变量的回归结果，DID1 的回归系数为 0.0449，在 10% 的置信水平上具有正向显著性，但此结果受其他因素影响的可能性较大，不能真实反映碳排放权交易对上市公司绩效的影响情况；列（2）为加入控制变量的回归结果，在对其他因素进行控制之后，DID1 的回归系数为 0.0314，不具有显著性，表明电力上市公司绩效提升是由于参与了碳排放权交易。因此，本章的基本结论具有稳健性。

表 4 – 15　　　　　　　　　　　反事实检验回归结果

变量名称	（1）	（2）
	JROA	JROA
DID1	0.0449 *	0.0314
	(0.0255)	(0.0447)
SIZE		0.0284 ***
		(0.0059)
LR		− 0.0044 **
		(0.0019)
LEV		− 0.1863 ***
		(0.0245)
TURNOVER		0.0427 ***
		(0.0117)
OC		− 0.0174
		(0.0215)
LNPGDP		0.0163
		(0.0212)
FIR		− 0.0091
		(0.0066)
Constant	0.0109	− 0.5760 ***
	(0.0070)	(0.1542)
Observations	793	793
R-squared	0.368	0.492
个体固定效应	控制	控制
时间固定效应	控制	控制

注：括号内为稳健标准误；*** 、** 、* 分别表示在 1%、5%、10% 的显著性水平下显著。

四　研究结论与政策建议

（一）研究结论

碳排放权交易制度是我国积极应对气候变化战略中的关键一环，也是实现"3060"碳达峰、碳中和目标的关键手段，而电力行业是我国国民经济发展与生态文明建设中的基础性行业。本章分别从理论和实证两个维度研究碳排放权交易对我国电力企业绩效的影响。其中，在理论维度，本文以波特假说等理论为基础研究了碳排放权交易在降低电力行业企业成本、提高企业收益及提升电力上市公司绩效方面的作用。在实证维度，本章以 2010—2021 年这 12 年我国 A 股上市电力公司为研究对象，利用双重差分模型检验了碳排放权交易对电力上市公司绩效的影响方向、市场发育程度在此影响过程中的调节作用方向及此影响对于产权不同、规模不同的电力企业的异质性。本章研究得到的结论如下。

第一，碳排放权交易对于我国电力上市公司绩效具有显著的提升作用。碳排放权交易通过降低企业减排成本、提高企业经济收益、降低企业风险等提高我国电力行业上市公司绩效水平。

第二，市场发育程度对碳排放权交易提高电力上市公司绩效的效果存在正向调节作用。在市场化水平高的地区，碳排放权交易对电力上市公司绩效的提升作用更明显；而在市场化水平较低的地区，提升作用较弱。

第三，电力企业产权性质的不同会影响碳排放权交易提升上市公司绩效的程度。其中，碳排放权交易对国有电力上市公司绩效提升作用显著，而对非国有电力上市公司绩效提升作用不显著。

第四，电力企业规模的不同也会影响碳排放权交易提升上市公司绩效的程度。其中，碳排放权交易对大规模电力上市公司绩效有显著的正向提升作用，而对小规模电力上市公司绩效有负面影响。

第五，经过倾向得分匹配、替换被解释变量及反事实检验等稳健性检验得出的结果与前文保持一致，本章的结论具有一定的稳健性。

（二）政策建议

第一，进一步完善和推进碳市场建设。政府应从市场建设、加强帮扶、差异化管理、强化监管等方面进行完善，充分发挥碳排放权交易对我国电力行业上市公司绩效的提升作用。

首先，积极推动碳排放权交易市场建设。配额发放方面，拍卖机制有助于形成更透明、更准确的碳价格信号，可在我国碳排放权交易市场交易过程中逐步增加拍卖的占比，使免费分配逐渐过渡到有偿分配。交易产品方面，在当前以现货交易为主的基础上，引导金融机构与企业开发碳排放权交易相关的金融衍生品，丰富远期市场，凸显碳排放权交易的金融属性，让市场机制更好地发挥作用。交易平台方面，应加快建设统一的碳排放权交易平台，明确企业的信息公开范围及具体要求，使交易过程、成交数量及成交金额更加公开透明、规范有序。法律法规方面，在现有条例的基础上进一步完善法规，规范碳排放权交易。

其次，继续推进市场化进程。市场化程度较低的地区应借鉴先进地区的经验，逐步完善市场秩序，推进要素市场和产品市场深化市场化改革，提高市场上的生产要素流动性，使要素逐渐流向绿色生产部门和企业，提高资源配置效率。此外，需关注并努力扭转扭曲的碳排放权价格，使碳排放权价格处于科学合理的区间，维持碳排放权交易市场的秩序。

再次，完善监管制度。监测与报告方面，应严格规范企业碳排放权交易的数据报告频率与时限，对及时报送高质量数据情况的电力企业给予奖励，并依法惩处未按时报送交易情况及隐瞒或虚报相关数据的电力企业。核查方面，应加强对交易情况的核查管理，提高核查机构的准入门槛，增强对核查人员的能力资质审核，清退不符合条件的机构及核查人员，保证碳排放权交易情况稳定可控。

最后，对电力行业不同类型的企业实行差异化管理。随着碳排放权交易不断发展，政府应更注重考察政策效果的异质性影响，并针对不同类型的电力企业制定有区别的交易及管理策略，避免"一刀切"的方法对小规模企业及非国有企业造成不利影响，降低减排积极性。应对非国有企业与小规模企业给予更多关注，加强帮扶指导，为其提供更多融资渠道、优惠政策与专家人才，加强政策宣讲。同时，可为电力企业提供绿色创新补贴，向进行技术创新的企业提供补贴或者税收优惠，减轻企业资金压力，引导企业树立低碳发展意识，实现碳减排，进而提高上市公司绩效，使电力行业各企业的发展更为均衡。

第二，电力上市公司应提升减排意识和能力。电力上市公司应提升减排意识，积极参与碳排放权交易。首先，应深刻认识自身所处行业在国家整体碳减排战略中所占的重要地位及自身碳排放量偏大的客观事实，逐步树立"排碳有成本、降碳有收益"的理念，提高碳排放管理的主体责任意识，在企业内部展开宣传与讨论，使各部门在工作过程中重视污染排放问题，集中智慧解决减排难题，并积极投身于我国碳排放权交易的重要实践中。其次，应从技术和人才两方面入手，提升减排能力。技术方面，增加清洁生产技术研发投入，加速发展新型减排技术，在碳排放权交易市场上争取主动权；人才方面，可引入和培养低碳管理方面的人才，提高电力企业对碳资产的管理能力，并且及时调整战略，抓住市场机遇。

第三，电力上市公司应根据自身情况制定发展战略。鉴于不同产权、不同规模的电力企业在碳排放权交易市场中所处的地位不同，各企业应综合考察自身实际产权情况、规模大小，借助国家政策和市场环境的推动力量，制定适合自身的发展战略。例如，规模较大的电力上市公司可以充分发挥自身在规模经济方面的优势，规模较小的电力上市公司则应积极寻求规模扩张的机会，使自身绩效水平在碳排放权交易过程中得以提升；国有企业应借助国家政策扶持与资金补贴进一步创新减排技术,非国有企业则应积极开拓融资渠道、拓宽业务范围,增强自身实力。同时,小规模及非国有上市公司可加强对政策的学习和理解,借鉴受益较大的企业在碳排放权交易中的成功经验,不断改善企业管理模式与碳排放权交易策略,使企业在碳排放权市场中占据更有利地位。

第五章　绿色金融资源配置如何助推我国碳中和目标的实现？

内容提要：工业革命后，世界经济飞速发展过程中伴随着严重的资源浪费和环境污染。其中，化石燃料的燃烧带来的高排放和高能耗等问题亟须解决。在此情形下，我国提高国家的自主贡献，承诺中国将分别于 2030 年和 2060 年实现碳达峰和碳中和。而实现"双碳目标"必然有巨大的资金需求，因此金融体系亟须提高绿色金融资源配置能力和效率，加大对经济社会推进实现碳中和目标的支持。为了研究绿色金融资源配置对碳中和目标的影响机制和影响效果，根据碳中和的内涵，我们分别从碳排放和碳吸收两个角度入手，基于我国除西藏自治区、海南省和港澳台之外的 29 个省份 2008—2020 年的省级年度数据，构建绿色金融资源配置和碳中和衡量指标。我们利用固定效应模型和面板门槛模型，以地区人均国内生产总值为门槛变量衡量地区经济发展水平，研究了绿色金融资源配置对碳中和的影响。根据研究结论，我们基于地区发展到国家整体布局提出了有针对性的政策建议。

关键词：绿色金融；资源配置；影响；碳中和；目标

工业革命带来的工业快速发展成为世界经济持续增长的主要动力，这一过程产生了巨大的经济效益，但也相应造成了生态环境恶化等一系列问题，化石燃料的燃烧带来的高排放和高能耗等问题亟须解决。从图 5－1 可见，全球碳排放量自 2019 年开始下降，2020 年因全球疫情出现

骤减现象。2021 年随着各国陆续解除疫情封锁后，经济逐渐复苏，加
之恶劣天气和俄乌冲突爆发，共同造成的天然气价格骤升，促使各国增
加燃煤发电，全球碳排放量上涨至 338. 841 亿吨，同比上涨了 5. 6%。

　　改革开放以来，随着人口的迅速增长和工业行业的快速发展，我国
的二氧化碳排放量持续上升，经济发展速度基本与能源消耗情况呈正相
关态势。为解决这一问题，我国提出了"中国力争于 2030 年实现碳达
峰，2060 年实现碳中和"的双碳承诺。从清除大气中二氧化碳的过
程——"碳吸收"（carbon absorption）来看，作为全球生态系统碳循环
中的重要一环，它体现了来自陆地生态系统和海洋生态系统的各类载体
固化并吸收、存储二氧化碳的量和能力。当整个生态系统的碳吸收量大
于碳排放量时，碳汇的价值就得以体现。在生态系统的固碳方式中，陆
地碳汇和海洋碳汇的贡献最大。2019 年中国科学院的研究表明，当年
全球碳排放量分别被陆地和海洋碳汇吸收了 31% 和 23%，其余 46% 则
滞留在大气中[1]。

图 5 - 1　2015—2021 年全球二氧化碳排放量及增速

资料来源：全球大气研究排放数据库（EDGAR）和英国石油公司数据库（BP）。

---

[1] 丁仲礼：《中国"碳中和"框架路线图研究》，《中国科学院学部第七届学术年会》
2021 年第 5 期。

新时代十年，我国一直坚持走绿色发展道路，同时持续提升生态系统的碳吸收能力。据国家发改委 2023 年统计，21 世纪以来，全球增绿面积有四分之一来自中国。当前我国森林植被总碳储量 91.86 亿吨，年均增长 1.18 亿吨，年均增长率 1.40%[①]。推动"双碳目标"的实现过程中会产生巨大的资金需求，为满足这部分资金需求，金融体系有必要提高绿色金融资源配置效率，从而更有力地加大对经济社会推进实现碳中和目标的支持。那么，绿色金融资源配置对碳中和的影响是正向还是负向的？影响机制又是怎样的？绿色金融资源配置水平的地区差异是否会造成对碳中和的推进效果的差异？面对碳中和目标的提出所带来的机遇与挑战，我国的绿色金融的资源配置又应该如何去应对？为回答这些问题，我们依托评价指标体系测算出绿色金融资源配置水平，并建立模型分析绿色金融资源配置对我国碳中和的影响及其机制。根据研究结论，我们为提升绿色金融资源配置水平和推进碳中和目标的实现提出了一些可行的政策建议。

本章的边际贡献，一是研究的多维综合性。在指标构建方面，为了衡量碳中和目标实现程度，我们从碳减排和碳吸收两个方面出发，综合利用碳排放强度、碳排放效率和碳吸收量作为碳中和的衡量指标，比较具有全面性，能够更综合地研究绿色金融资源配置对我国碳中和的影响。二是实证研究的现实科学性。我们不仅研究不同绿色金融资源配置水平对碳中和的影响机制，还在影响机制中引入潜在的门槛效应，研究在不同的经济发展水平下，绿色金融对碳中和目标的影响情况，真实反映了碳中和目标所涵盖的绿色经济发展理念最先在经济发达地区得以施行的经济现实，揭示绿色经济发展中至关重要的成本与收益关系，为进一步对其中存在的客观约束进行解析与讨论提供现实依据。

---

① 资料来源：第 9 次全国森林资源连续清查报告。

一 相关文献梳理与评述

第一，绿色金融及其资源配置水平测度。麦均宏和徐枫（2015），马俊（2016）认为，绿色金融是金融机构在进行投资决策时考虑生态环保理念，将资金引导至资源节约型和环境保护型产业，以支持环境治理和能源利用清洁化。关于绿色金融资源配置水平的测度，曾学文等（2014）在对比了宏观和微观两个角度的国内外绿色金融指标构建方法后，首次提出将绿色金融按照服务类型分为绿色信贷、证券、保险投资及碳金融五个维度构建评价指标。西南财经大学发展研究院等（2015）以相同的指标构建体系，测算出我国绿色金融发展水平，结果表明我国绿色金融的发展具有显著的区域异质性。董晓红和富勇（2018）在上述基础上，将绿色基金纳入绿色金融综合评价指标体系，并发现这其中绿色信贷的权重占比最大。朱敏等（2022）、朱广印和王思敏（2022）均借鉴曾学文等（2014）的指标构建方法，采用熵值法测算绿色金融发展指数。王君萍等（2022）采用灰色关联模型和熵值法，测算了"双碳目标"下我国区域绿色金融发展水平，发现整体而言，各省绿色金融发展水平均较低，且存在明显的空间分异性，具有显著的空间相关性。

第二，绿色金融资源配置对经济发展的贡献。王遥等（2016）探究我国绿色金融对经济发展的促进作用及机制，分别是优化宏观经济的发展、提升微观经济的效率并与传统经济政策形成互补三个方面。杜莉和郑立纯（2019）基于试点运行数据，使用双重差分法定量分析了"碳排放权交易试点政策"的有效性，论证了我国绿色金融政策体系的效应。孙焱林和陈青青（2019）基于我国31个省份的数据建立了绿色金融发展、技术进步与经济增长之间的面板向量自回归（PVAR）模型，结果显示绿色金融和技术进步对经济增长均存在显著的正效应。王建发（2020）指出，绿色金融是经济可持续发展的必要条件，绿色金融一方面能引导社会资金进入绿色产业，推动绿色经济的发展；另一方面能优化社会资源配置，同时还能创造新的经济增长点。祁芳梅等（2022）构建经济高质量发展综合评价指标体系，通过空间杜宾模型研究了环境保护、绿色金融对经济高质量发展的影响，并得出环境保护和绿色金融均能有效推动当地经济高质量发展的结论。

第三，绿色金融对碳排放的影响。碳中和是我国应对气候变化的新目标。当前国内外学者对碳中和的影响主要集中在绿色金融要素对碳排放影响的研究。王瑶和任玉洁（2022）从理论层面总结出绿色金融支持"双碳目标"实现的三大功能，分别为资金支持、降低气候环境风险、引导形成合理的市场定价。毛彦军等（2022）基于空间计量模型分析绿色信贷的碳排放效应和能源效率机制，并进行研究，发现绿色信贷对二氧化碳排放具有显著的"本地—领地"效应。高原和申珍珍（2022）将绿色金融改革创新试验区作为研究对象，指出绿色金融政策改革存在明显的碳减排效应，且该效应逐年递增，同时存在正向溢出的效果。文书洋等（2022）基于我国省级面板数据，构建存在碳排放约束并内生减排技术进步的一般均衡模型，得出绿色金融可通过技术进步推动碳减排的结论。

第四，我国陆地生态系统碳吸收量核算。对碳中和的研究除碳减排的角度外，还应从碳吸收的角度入手研究增加生态系统固碳和吸收碳的能力。从 20 世纪 80 年代开始，我国学者就开展了各项陆地生态系统碳循环研究工作，并且在许多研究领域都取得了一定进展。方精云等（2015）在全国尺度上准确评估了陆地生态系统中森林、灌木、草地和农田的碳吸收现状、速度和潜力。周嘉等（2019）通过碳排放系数法，以土地利用和能源消耗等数据为基础，计算了 2003—2016 年我国土地利用碳源/汇，以净碳排放量为基准值进行碳补偿价值的研究，并对我国省域土地利用碳排放和碳吸收的时空演变进行了研究。赵宁等（2021）以 59 篇关于我国陆地生态系统及其组分碳源/汇量的文献为基础，综合了国家清查、生态系统模型模拟和大气反演三种计算手段，计算得出我国陆地生态系统及其组分碳源/汇量，及其在时间尺度上的动态变化。朴世龙等（2022）梳理了我国陆地生态系统碳吸收估算的不同方法及其原理与优缺点。杨元合等（2022）阐述了全球及我国陆地碳吸收的时空格局，分析了陆地碳吸收对实现碳中和目标的作用。

第五，碳中和目标实现的内在逻辑和路径。在理论分析方面，安国俊（2021）对"双碳目标"下的绿色金融创新发展路径进行探讨，并对绿色低碳发展提出相应建议。杨博文（2021）认为"双碳目标"战略的实现，应基于碳减排和经济社会发展之间的双赢。陈明星等（2022）探究了碳中和的缘起、实现路径和气候变化与可持续城市化这两个关键科学问题，提出适应与减缓气候变化下碳中和与可持续城市化研究领域中八个方面的科学问题，并探究了当前该领域研究面临的机遇和挑战。武汉大学国家发展战略研究院课题组（2022）基于碳中和目标的实现途径中存在的不足，针对治理体系、发力端和支撑体系三个方面，提出了具体的"132"行动方案。在实证研究方面，郭希宇（2022）基于省级面板数据，建立空间联立方程模型，得出绿色金融与低碳经济间存在双向促进作用的结论。李竹等（2022）测算了1999—2018年的我国省域碳平衡能力指标，得出我国碳排放不断增多并呈"东多西少"分布，碳吸收不断减少且呈"西多东少"分布，碳平衡能力呈四种不同趋势并呈"西强东弱"分布的结论。赵金凯等（2023）基于碳中和的科学内涵从碳排放和碳吸收两个角度构建碳中和水平综合评价体系，发现我国碳中和水平存在区域差异。

第六，文献评述。金融发展可通过提高资源配置效率来推动企业发展和提升企业效率，并且该效应会渗透到行业乃至经济和社会发展的方方面面，绿色金融资源配置对碳中和的影响也是如此。目前关于绿色金融资源配置对碳中和影响的相关研究成果仍不够丰富，已有研究大多是定性分析，即从理论角度探究绿色金融发展推进碳中和目标的内在逻辑和实现路径，或是仅从政策和制度改革方面提出建议。此外，对于绿色金融资源配置对碳中和的影响效果和影响机制也尚不明。在实证研究方面，学者们大多从碳减排角度出发，集中研究绿色金融资源配置对碳排放的影响。但是从已有研究可见，经济发展过程中碳排放的生成是无法完全避免的，因此仅通过碳减排角度入手，无法真正实现碳中和目标，同时还有可能遏制社会经济的整体发展。从碳中和的科学内涵和可持续发展目标出发可知，增加碳吸收同样是实现碳中和目标中与碳减排同等重要的一个方面，故仅基于碳排放量从碳减排角度进行研究是不够全面的。因此我们的研究将从碳减排和碳吸收两个角度出发衡量碳中和目标的实现，以确保研究具有全面性

此外，在绿色金融资源配置水平对碳中和影响的研究中，多数并未充分考虑区域的异质性问题。而我国各地区发展水平和资源禀赋不同，绿色金融资源配置水平同样存在差异，那么各地区绿色金融资源配置对碳中和的影响效果同样有可能存在差异。若是仅从全国角度进行研究，并提出统一的政策措施，在不同地区的实施效果可能大相径庭，甚至在部分地区实现碳中和目标的过程中可能出现严重"掉队"现象。因此，厘清绿色金融资源配置对碳中和的影响是否存在区域异质性，有利于制定出有针对性的绿色金融政策，从而更高效地支持"双碳目标"的推进。因此，我们的研究除了基于地区所处区域和经济发展水平的不同进行异质性分析，还采用面板门槛模型，研究绿色金融资源配置与碳中和之间是否存在非线性关系，从而避免人为划分区域等主观因素对本章研究的全面性造成影响。

二　绿色金融的资源配置功能

绿色金融资源配置的核心问题是如何实现绿色金融资源利用效率的最大化，其涵盖了两层含义：一是在能源消耗量和污染排放量保持不变的基础上，绿色金融优先将资源投入能源消耗量低、污染排放量少的绿色产业领域；二是给予绿色技术创新的企业或项目更优惠的投融资和财

税优惠政策。

绿色金融的资源配置功能具体表现在监督与激励功能和资本集聚、资源配置、投资消费导向功能两个方面。

（一）监督与激励功能

绿色金融的资源配置对企业融资项目环境的审核标准要求严苛，对企业经营活动中的可持续性和环境生态影响存在监督机制，这迫使企业提高自身环境污染等信息披露程度，企业需要通过主动减少污染排放、提高技术水平和产能水平、减低能耗等来获得金融机构和政府机关的绿色金融支持。这其中，来自绿色金融的约束会使企业资源无法得到充分利用，从而导致企业生态维护、节能减耗等相关成本增加，从而对企业效益产生负面影响。这种约束也会使企业更倾向于进行创新研发和技术升级，从而提高资源利用效率和生产效率，也即长期来看绿色金融的资源配置可对企业效益产生正面影响。

（二）资本集聚、资源配置和投资消费导向功能

绿色金融主体将集聚和吸纳的资金引导至绿色投资领域，通过金融市场将资本由低生态效率的行业引导至高生态效率的行业，而这将会提高高耗能、高排放行业的融资门槛。高耗能企业会为了重获竞争力而进行绿色创新，采用生态友好的生产技术，减少污染排放的同时缩减高污染产业的生产规模，积极进行产品的绿色转型。此外，政府机关和金融机构分别从政策和资金方面支持绿色节能企业发展，弥补绿色节能企业发展初期自身资金不足或研发开支较大的问题，鼓励和支持企业不断进行科技创新，企业在政策和资金支持充足的情况下，通过率先采用环境友好型技术和开放绿色产品的生产，同时随着消费者环保意识的提升，绿色产品进一步在市场中取得竞争优势，从而使得企业获得比原先未进行绿色创新时更多的利润，继而补偿了由于环境规制造成的经济损失。

三　绿色金融资源配置对碳中和实现途径的影响

碳中和（Carbon Neutrality）是指碳排放和碳吸收相互抵消后所实现的相对均衡的状态。在这一过程中有两大途径，一是降低碳排放，二是提高碳吸收。我们参考环境经济学家格鲁斯曼（Crossman）和克鲁格（Krueger）（1992）关于自由贸易的环境效应分析框架，将绿色金融资源配置对这两大途径实现的影响因素分解为三个效应。

（一）规模效应

绿色金融资源配置水平的提升可以刺激经济规模扩大，而随着经济规模的扩大，社会能源需求会发生变动，进而造成生产过程中的能耗和排放发生变动。绿色金融资源配置水平对碳中和进程影响的规模效果在不同的经济社会发展阶段是存在差异的，一种情况是在经济增长促进经济规模扩张的过程中，能源消耗量会增加，相应的排放量也会增加，如果碳吸收未能相应增加，就会推迟碳中和目标实现的时间。另一种情况是绿色金融资源配置水平的提高带动了经济绿色可持续的发展，如经济发展模式由粗放型转变为集约型，这一过程中，能源消耗和排放呈现逐渐下降趋势，也即有利于碳中和目标的实现。

（二）技术效应

绿色金融资源配置水平的提高可以推动相关节能减排的绿色技术的发展，进而提高能源利用效率，减少单位产出过程中的能耗和排放，同样推动碳捕捉、碳储藏和碳吸收等方面技术的发展，进而降低碳排放强度，提高碳排放效率，增加生态系统吸收碳的能力，即提高碳吸收量。

（三）结构效应

绿色金融资源配置水平通过两个途径影响碳中和目标的实现：资本

引导和产品融合（陈智莲等，2018）。首先，绿色金融资源配置引导资本从高能耗高排放的黑色和棕色行业转移向低能耗低排放的绿色产业，促进产业结构转型与升级，进而推动实现碳中和目标。其次，绿色金融资源配置水平可以引导行业内部资源合理整合与分配，促进能源结构绿色转型，降低碳排放强度，提升碳排放效率，提高碳吸收能力，最终推动实现碳中和目标。

四　碳减排和碳吸收的核算方法及研究假设

（一）碳减排和碳吸收的核算方法

考虑到碳中和目标的实现既要降低碳排放，又要提高碳吸收。因此，借鉴赵金凯等（2023）的研究方法，我们从两个途径入手，即一方面从碳排放角度研究绿色金融资源配置的碳减排效应；另一方面从碳吸收角度研究绿色金融资源配置的碳吸收效应。

第一，碳排放量的核算方法。综合参考 Shan et al.（2016，2018，2020）和关玉儒等（2021）的研究，采用表观排放核算法对我国各省份的碳排放量进行测算。具体核算方式为：以化石能源（原煤、原油、天然气）和水泥的表观消费量乘碳排放因子所得数据即为碳排放量[①]。碳排放量相关的原始数据来源为中国碳排放数据库 CEADs（Carbon Emission Accounts & Datasets）。

衡量碳绩效测度方法经历了从单要素向全要素、从绝对强度向相对效率的演进过程。其中单要素指标主要由碳排放量与经济变量的比值构成，如人均碳排放量（碳排放量/人口数）、碳排放强度（碳排放量/GDP）、碳生产率（GDP/碳排放量）、碳价格指数（加权平均后的碳排放权交易价格）等；全要素指标则基于生产过程中所添加的投入和产出指标的区别而存在差异，如全要素生产率、碳排放效率、综合环境绩

---

① 各能源终端消费量的数据来源于《中国能源统计年鉴》。

效指数等。

以二氧化碳排放量衡量碳中和进度的突出特点是将二氧化碳排放量设定为一个精确的数值进行建模，但是单要素指标很难衡量整个复杂的系统的效率。因此我们综合采用碳排放强度和碳排放效率两种要素结合的方式共同衡量碳中和目标进度。

在现实中，碳排放是非期望产出，引入方向距离函数可以满足增加期望产出、减少非期望产出的目的，从而贴合实际情况。因此，我们采用非径向的方向距离函数 NDDF 模型测度碳排放效率，作为衡量碳中和进度的另一个指标。

第二，碳吸收量的核算方法。碳吸收主要来源于陆地碳汇和海洋碳汇，其中陆地碳库作为碳吸收的主力军，其碳储量约为大气碳库的 3 倍。鉴于此及数据可得性，本章碳吸收核算仅计算陆地生态系统的碳吸收量。

在碳吸收量核算的过程中，考虑到不同地区的气候等自然条件的异质性决定了生态系统中作为碳汇来源的植被的生长条件，借鉴现有研究对生态系统服务价值核算的研究方法，我们采用当量因子法，基于单位面积价值当量因子来分析计算碳吸收量数据。该方法的优势在于结果直观、计算简便、适用性较为广泛，同时还能补偿地区间的自然禀赋差异。

（二）研究假设

第一，绿色金融资源配置对我国碳中和的影响效果假设。我们认为，绿色金融资源配置水平的发展，有利于增加经济活动中对节能减排的投入，推动能源消费结构向清洁化、可持续的方向升级；同样也有利于推动企业乃至行业重视绿色技术的创新和应用，从而提高资源利用效率，进而推动社会整体的产业结构向低碳化和生态化转变，进而在碳减排维度赋能碳中和。绿色金融资源配置水平的发展也能引导资金至更高效的碳汇开发项目，通过扩大森林、湿地等的面积，提升森林质量，等等，提升生态系统碳吸收能力，从而在碳吸收维度推动碳中和。

高水平的绿色金融资源配置对碳中和进程的积极作用，不仅体现在引导资源从高排放、高能耗的低绿色效能的行业转移到污染治理、节能环保的低排放行业和开发维护碳汇的绿色企业，从而减少单位产出的碳排放量；还体现在增加对二氧化碳的吸收，推动生产要素的合理流动，实现资源的绿色优化配置，同时其监督和约束机制还能有助于改善低绿色效能的行业内部的资源配置的效率，最终减少对传统化石能源等的消耗。

由于环境污染的强烈负外部性，低生产率、高耗能、高排放的企业可凭借自身污染治理、节能减排等方面的低成本，获得更多的利润和市场份额。而绿色金融资源配置水平的提升同相应的绿色发展支持政策相配合，可作为有效的环境规制手段，通过内部化环境成本，弥补污染企业私人成本与社会成本的差距，从而挤压低绿色效能企业的生存空间，减少对环境的危害。绿色金融资源配置水平和相应政策的保驾护航可以降低绿色企业的融资成本。王康仕等（2019）的研究认为，绿色企业的项目因大多具有长期回报性，使其成果的获取十分依赖于长期资金的支持，而绿色金融发展能同时产生直接和间接的投资增长效应。

基于上述分析，我们提出第一个假设。

假设1：绿色金融资源配置水平与碳排放强度呈负相关，而与碳排放效率、碳吸收量呈正相关。

第二，影响效果的区域异质性。目前，我国经济发展进入转型期，不同地区间经济发展水平和经济增长速度已产生明显差异，区域经济面临着全新的变化和挑战。李毓等（2020）研究证明，当前我国区域间与产业间实施绿色金融政策的力度存在不平衡，从而造成了绿色金融发展水平的区域异质性。为了更客观地划分区间，我们采用 Hansen 模型研究不同地区绿色金融资源配置对我国碳中和推进的影响。为此，我们提出第二个假设。

假设 2：绿色金融资源配置对我国碳中和推进的影响存在区域异质性。

五 绿色金融资源配置对我国碳中和影响的实证分析

为了具体研究绿色金融资源配置水平对我国碳中和的影响效果和机制，我们分别构建基准回归模型和门槛效应模型做实证研究。

（一）模型构建与指标选取

1. 计量模型构建

第一，基准线性回归模型。为验证假设 1，即绿色金融资源配置水平与碳排放强度呈负相关，而与碳排放效率、碳吸收量呈正相关，设定如下固定效应模型：

$$CEI_{it} = \alpha_1 GF_{it} + \alpha_2 FDI_{it} + \alpha_3 FE_{it} + \alpha_4 IND_{it} + \alpha_5 ERTF_{it} + \\ \alpha_6 SIZE_{it} + \alpha_7 ZLS_{it} + \mu_i + v_i + \varepsilon_{it} \tag{1}$$

$$CEE_{it} = \alpha_1 GF_{it} + \alpha_2 FDI_{it} + \alpha_3 FE_{it} + \alpha_4 IND_{it} + \alpha_5 ERTF_{it} + \\ \alpha_6 SIZE_{it} + \alpha_7 ZLS_{it} + \mu_i + v_i + \varepsilon_{it} \tag{2}$$

$$CA_{it} = \alpha_1 GF_{it} + \alpha_2 FDI_{it} + \alpha_3 FE_{it} + \alpha_4 IND_{it} + \alpha_5 ERTF_{it} + \\ \alpha_6 SIZE_{it} + \alpha_7 ZLS_{it} + \mu_i + v_i + \varepsilon_{it} \tag{3}$$

其中，i 表示省市，t 表示年份，CEI_{it}、CEE_{it} 和 CA_{it} 分别为被解释变量（地区碳排放强度、地区碳排放效率和地区碳吸收量），GF_{it} 为核心解释变量（地区绿色金融资源配置水平）。控制变量为地区对外开放水平（FDI_{it}）、地区财政支出规模（FE_{it}）、地区产业升级率（IND_{it}）、地区环境规制税费（$ERTF_{it}$）、地区企业规模（$SIZE_{it}$）和地区有效专利数（ZLS_{it}）；μ_i 用于反映地区的个体效应，v_i 表示时间固定效应；ε_{it} 为随机干扰项。

第二，面板门槛模型。为了验证假设 2，即绿色金融资源配置对我

国碳中和推进的影响存在区域异质性,我们使用王群勇开发的 xthreg 命令(2015),构建面板门槛模型如下:

$$CEI_{it} = \mu_i + \theta x_{it} + \beta_1 \times GF_{it} \times I\ (g_i t \leq \gamma_1)\ + \beta_2 \times$$
$$GF_{it} \times I\ (\gamma_1 < g_{it} \leq \gamma_2)\ + \beta_3 \times GF_{it} \times I\ (g_{it} > \gamma_2)\ + \varepsilon_{it} \quad (4)$$

$$CEE_{it} = \mu_i + \theta x_{it} + \beta_1 \times GF_{it} \times I\ (g_{it} \leq \gamma)\ +$$
$$\beta_2 \times GF_{it} \times I\ (g_{it} > \gamma)\ + \varepsilon_{it} \quad (5)$$

$$CA_{it} = \mu_i + \theta x_{it} + \beta_1 \times GF_{it} \times I\ (g_{it} \leq \gamma)\ +$$
$$\beta_2 \times GF_{it} \times I\ (g_{it} > \gamma)\ + \varepsilon_{it} \quad (6)$$

其中,i 表示省市,t 表示年份,CEI_{it}、CEE_{it} 和 CA_{it} 分别为被解释变量(地区碳排放强度、地区碳排放效率和地区碳吸收量),GF_{it} 为核心解释变量(地区绿色金融资源配置水平)。x_{it} 为一组对被解释变量有显著影响的控制变量,包括地区对外开放水平、地区财政支出规模、地区产业升级率、地方环境规制税费、地区企业平均规模、地区有效专利数。θ 为相应的系数向量。g_{it} 为门槛变量,本文中为人均地区生产总值 $PGDP_{it}$,γ 为特定的门槛值,$I\ (\cdot)$ 为一指标函数。μ_i 用于反映地区的个体效应,ε_{it} 为随机干扰项。

2. 变量选取

根据研究目的以及参考文献所采用的相关指标的测度和数据选取,构建的模型中所包含的变量选取和定义说明见表 5 – 1 所示。为了避免数据差异过大导致回归结果不准确,部分变量采取对数处理。

表 5 – 1　　　　　　　　　　　　**变量的定义及其测度**

变量属性	变量名称	变量测度
被解释变量	地区碳排放强度(CEI)	二氧化碳排放量/地区 GDP 总额(取对数)
	地区碳排放效率(CEE)	基于 DEA 模型的 NDDF 函数测度得出
	地区碳吸收量(CA)	地区陆地生态系统碳吸收量(取对数)
门槛变量	地区人均生产总值(PGDP)	地区人均生产总值数值(取对数)
核心解释变量	绿色金融资源配置水平(GF)	熵值法测算

变量属性	变量名称	变量测度
控制变量	地区对外开放水平（FDI）	地区外商投资企业投资总额/地区GDP总额
	地区财政支出规模（FE）	地区政府预算内财政支出/地区生产总值
控制变量	地区产业升级率（IND）	地区第三产业增加值/地区第二产业增加值
	地方环境规制税费（ERTF）	地方征收的排污费和环保税金额（取对数）
	地区企业平均规模（SIZE）	规模以上工业资产/规模以上工业企业数量
	地区有效专利数（ZLS）	国内三种专利有效量（取对数）

3. 变量、数据说明

（1）解释变量：碳排放强度 CEI、碳排放效率 CEE 和碳吸收量 CA 三个变量指标用来衡量碳中和进度。首先，地区碳排放强度等于二氧化碳排放量与地区 GDP 总额的比值；其次，对碳排放效率的测算，我们基于非径向方向距离函数 NDDF 的 DEA 模型来测量，测量中设定投入变量为资本存量、城镇单位从业人员总和、能源消耗量（万标准吨煤），产出变量为 GDP，非期望产出为碳排放量，碳排放效率测算的各变量指标含义见表 5 - 2。再次，碳吸收量的核算，包含陆地生态系统中的植被（森林、园地、草地）和 14 种农作物及湿地三个方面。

表 5 - 2　　　　　　　　　**碳排放效率指标含义与测算**

一级指标	二级指标	三级指标
投入指标	劳动	各地级市历年单位从业人员数用资本存量来表示。
	资本	资本存量采用永续存盘法，公式为：$K_{i,t} = K_{i,t-1}(1-\delta_{i,t}) + I_{i,t}$ (7)，其中，$K_{i,t}$表示省市 i 在 t 年的资本存量（亿元）；$\delta_{i,t}$表示资本折旧率；本期资本存量 = 上期资本存量 * （1 - 10.96%）+ 本期固定资产形成总额；其中折旧率引用单豪杰的做法，是 10.96%；$I_{i,t}$表示资本流量（亿元）。
	能源	能源直接消耗包括天然气、液化石油气，间接消耗主要包括用电量。由于单位不统一，将能源消耗量折算为标准煤。
期望产出	GDP	国内生产总值
非期望产出	城市碳排放	用表观排放核算法测算得出中国各省份的碳排放量

其一，森林、园地、草地。在陆地生态系统中森林是最大的碳吸收库，借鉴方精云等（2007）、谢鸿宇等（2008）、赵荣钦等（2012）的研究方法，确定其碳吸收量的核算公式为：

$$C_i = S_i \times \beta_i \tag{7}$$

其中，C_i、S_i、β_i 分别为第 i 种土地类型的碳吸收量、面积和碳吸收系数。参考谢鸿宇等（2008）的研究，其中森林的 β_i 为 3.81t/hm^2，草地的 β_i 为 0.948t/hm2，园地参考方精云等（2007）的研究思路，采取森林和草地的 β_i 平均值，为 2.380t/hm^2。森林面积数据为分阶段形式，采用历次全国森林资源清查资料，其中 2008 年、2009—2013 年、2014—2020 年分别使用第七、八、九次的清查数据。数据来源为国家林草局、国土资源部土地调查成果共享应用服务平台和国家统计局。

其二，农作物。农作物同样可以通过光合作用吸收二氧化碳，参考韩冰等（2008）、韩召迎等（2012）和陈罗烨等（2016）的研究，根据不同种类作物的经济系数和碳吸收率来估算农作物的碳吸收量，其核算公式为：

$$CI_c = \sum_i CI_{ci} = \sum_i C_{ci} \times (1 - P_{wi}) \times \frac{Y_{ei}}{H_{ci}} \tag{8}$$

其中，CI_c 为农作物的碳吸收量，CI_{ci} 为第 i 种农作物的碳吸收量，C_{ci} 为第 i 种农作物干重的碳吸收率，P_{wi} 为第 i 种农作物的含水率，Y_{ei} 为第 i 种作物的含水量，H_{ci} 为第 i 种作物的经济系数。14 种农作物相关系数如下表 5 - 3。数据来源为国家统计局。

表 5 - 3   14 种农作物相关系数

农作物	碳吸收率	含水率	经济系数	农作物	碳吸收率	含水率	经济系数
水稻	0.414	12	0.45	棉花	0.450	8	0.10
小麦	0.485	12	0.40	薯类	0.423	70	0.70
玉米	0.471	13	0.40	甘蔗	0.450	50	0.50
豆类	0.450	13	0.34	甜菜	0.407	75	0.70

续表

农作物	碳吸收率	含水率	经济系数	农作物	碳吸收率	含水率	经济系数
菜籽油	0.450	10	0.25	蔬菜	0.450	90	0.60
花生	0.450	10	0.43	瓜类	0.450	90	0.70
向日葵	0.450	10	0.30	烟草	0.450	85	0.55

其三，湿地。湿地重要的生态系统服务功能之一便是固碳，其在植物生长、促淤造陆等过程中固定大量的无机碳和有机碳。参考熊鹰等（2004）、王爱军等（2005）和吕铭志等（2013）的已有研究，确定湿地的碳吸收量的核算公式和参数如下：

$$C_{wi} = S_{wi} \times \beta_{wi} \tag{9}$$

其中，C_{wi}、S_{wi}、β_{wi}分别为湿地的碳吸收量、面积和碳吸收系数。其中依据段晓男（2008）等的研究，用各类湖泊和沼泽的固碳速率的加权平均值来代表湿地的碳吸收系数，即 $\beta_{wi} = 0.372t/hm^2$。湿地数据来源为中国农业部、国家林业局、中国国家统计局、水利部、中国气象局和中国海关等。2013 年以前和以后分别取我国首次和第二次的湿地调查数据，这与中国统计年鉴数据保持一致。

（2）核心解释变量：绿色金融资源配置水平 GF。我们采用熵值法计算得出我国除西藏自治区、海南省及港澳台以外的 29 个省份 2008—2020 年的绿色金融资源配置水平的权重。具体指标的选取和权重的确定参考曾学文等（2014）和朱广印、王思敏（2022）的研究成果，从绿色信贷、绿色证券、绿色投资、绿色保险四个层面构建了如表 5 - 4 的指标体系。

绿色信贷，采取高耗能行业利息支出占比和五大行绿色信贷占比两个三级指标。前者为六大高耗能工业产业利息支出与工业产业利息总支出的比值；后者为我国五大行发行绿色信贷总额与其发行的贷款总额的比值，反映的是商业银行支持环境保护并遏制资源环境恶化的力度，是我国当前绿色金融服务内容中最重要的一部分。数据来源于《中国工业统计年鉴》。需要说明的是，由于数据缺失，部分年份的缺失值（如绿色信贷缺少 2017 年数据）采用邻近 5 年数据的平均值代替。

表 5 – 4   绿色金融资源配置水平指标体系

一级指标	二级指标	三级指标	指标定义	指标属性
绿色金融资源配置配置水平	绿色信贷	高耗能工业利息支出占比	六大高耗能工业产业利息支出/工业产业利息支出	–
		绿色信贷占比	五大行绿色信贷总额/五大行贷款总额	+
	绿色证券	高耗能行业市值占比	六大高耗能 A 股市值/A 股总市值	–
	绿色投资	环境污染投资占比	治理污染投资/GDP	+
		节能环保公共支出占比	节能环保产业财政支出/财政支出总额	+
	绿色保险	农业保险规模比	农业保险收入/财产险收入	+

绿色证券，用六大高耗能企业 A 股市值/上市企业 A 股总市值表示，为负向指标，反映的是我国六大高耗能产业在资本市场上以发行股票的方式对应的融资水平。数据来源于 wind 数据库。

绿色投资，包含环境污染投资占比和节能环保公共支出占比两部分，主要反映除绿色信贷和绿色证券外，我国绿色产业在直接融资市场的融资水平。其中环境污染投资专指老工业污染源治理投资部分，即对已经产生的污染物进行净化的投资；节能环保产业财政支出则包括对节约能源资源、发展循环经济、保护生态环境提供物质基础和技术保障的产业提供的财政支出，即污染前投资。李玥萤和黄丽君（2022）研究认为，政府环保支出不仅会基于"本地效应"对碳减排产生直接影响，还会通过"空间溢出效应"间接影响碳排放治理效果。

绿色保险，现有研究多采用农业保险规模比来表示绿色保险，如李晓西等（2014）、文书洋等（2022）及董媛香和张国珍（2023）等。此外，选择农业保险规模占比衡量绿色保险的主要原因：我国的企业环境污染责任保险的正式开始时间为 2013 年，缺乏权威性的、系统性的有关具体数据信息；而农业是受自然环境水平影响较大的行业，能够折射出我国当前绿色保险发展的阶段特征，环境污染责任保险又是一个针对环境污染负责的强制性保险，从该视角来看，农业保险可以近似作为衡量绿色保险的指标。

（3）门槛变量：人均 GDP。人均 GDP 相较 GDP 更能体现地区经济发展的实际水平，故更适合作为本模型的门槛变量。

（4）控制变量：考虑到遗漏变量的不利影响，为了减少模型偏误，我们选取了以下六个控制变量。

地区对外开放水平（FDI）。关于我国的 FDI 对碳排放和碳吸收的影响方面，有研究认为，我国因 FDI 承接了发达国家转移的高排放类产业，我国承接的产业转移造成的碳排放量将近我国碳排放总量的四分之一。郑效晨和刘渝琳（2012）研究认为，FDI 每提高 1%，污染程度会减少 0.043%。韩超和王震（2022）研究同样发现，外资开放会显著降低企业的污染排放。

地区财政支出规模（FE）。财政支出对碳排放和碳吸收会产生直接和间接的影响。一方面，财政支出可能会产生激励作用，鼓励企业开发绿色生产方式，从而降低企业的能源消耗或提高资源利用率，继而减少碳排放量。另一方面，谭建立和赵哲（2021）认为，财政支出不仅会对碳排放产生直接影响，还会通过城镇化、产业结构、对外贸易对碳排放产生间接影响。提高非经济性公共支出占比有利于减少碳排放，可以通过完善财政支出结构来调节城镇人口和就业水平，实现碳减排目标①。政府的公共支出同样有可能导致企业着重于提高生产量和生产效率，而对绿色生产和环境保护相关的投资减少，继而对碳减排和碳吸收产生负面影响。

地区产业升级率（IND）。产业结构可能通过产业相对比重的变化和产业技术水平的提升两个途径影响碳排放量和碳吸收量。产业结构优化升级有利于碳排放量的减少和碳吸收量的增加，体现为第一产业与第二产业向第二产业与第三产业的转型升级。参考陶桂芬和方晶的

---

① 谭建立、赵哲：《财政支出结构、新型城镇化与碳减排效应》，《当代财经》2021 年第8 期。

（2016）的方法，我们选用各地区第三产业增加值占各地区第二产业增加值的比重作为产业升级率（IND），代表产业结构优化升级水平。

地方环境规制税费（ERTF）。数据选取为地方征收的排污费和环保税，其中 2006 年以前为排污费收入，2007—2017 年及以后为排污费解缴入库金额，2018—2020 年为环保税金额，数据来源为中国税务年鉴。张红霞等（2020）的研究指出，环境规制强度与中国经济增长质量呈显著正相关。地方征收的排污税和相关费用越高，使得高耗能行业相较于节能环保行业的成本增加，这对环保事业的发展和经济的可持续发展应当有正向作用，继而会与碳排放量负相关，同时与碳吸收量正相关。因此，我们认为精确有效的环境规制税费政策能够倒逼企业重视能源利用率和生产过程中的污染排放，故而推动碳中和的实现。

地区企业平均规模（SIZE）。已有研究表明，企业对碳排放量和碳吸收量的影响存在规模异质性。大企业因为存在规模效应，能源利用率会高于中小企业，故企业规模与碳排放量可能呈负相关。祝红梅和臧诗瑶（2022）研究认为，当前国内中小企业的节能减排潜力巨大，中小企业的绿色转型对于实现碳达峰和碳中和具有重要意义。

地区有效专利数（ZLS）。我们用国内三种专利有效量衡量地区创新水平。地区创新水平越高，就越有能力提升当地的生产技术，继而提升生产效率和能源利用率，最终会减少碳排放量并提升碳吸收量。

我们选取我国 29 个省份（不含海南省、西藏自治区和港澳台）2008 年到 2020 年的数据进行实证研究。选取该时间跨区的主要原因是，在绿色金融资源配置水平指标的体系中，绿色信贷的权重比最高，而我国绿色信贷的正式实行以 2007 年 7 月 30 日发布的《关于落实环境保护政策法律法规防范信贷风险的意见》为标志，相当于自此我国绿色金融的发展才逐渐扩大影响，所以在综合考虑政策措施的实施生效存在时滞性特点和数据可得性的情况下，我们选择以 2008 年数据开始进行研究分析。

数据来源包括《中国统计年鉴》及各省份《统计年鉴》《中国工业统计年鉴》《中国环境统计年鉴》《中国能源统计年鉴》和 Wind 数据

库，以及中国农业部、国家林业局等政府部门官网，专利数据来源于中国知识产权网。

4. 主要变量的描述性统计

主要变量的描述性统计见表 5 - 5，从表中可以看出，各省份碳排放强度和碳排放效率、地区人均生产总值、地区产业升级率、地区企业平均规模及地区有效专利数等指标差异较大，这是各个省份经济发展程度不同导致的。

表 5 - 5　　　　　　　主要变量描述性统计结果

VARIABLES	N	MEAN	SD	MIN	MAX
CEI	377	0.5723	0.7981	0.199	2.5519
CEE	377	0.575	0.179	0.112	1
CA	377	16.9679	1.1778	13.6177	18.5006
GF	377	0.1750	0.1091	0.0567	0.839
PGDP	377	10.6424	0.5321	9.180	12.0086
FDI	377	− 1.3411	0.81377	− 3.0646	0.5644
FE	377	0.2515	0.1130	0.0998	0.7583
IND	377	0.1099	0.3765	0.6405	1.6571
ERTF	377	− 3.5403	0.3345	− 4.6388	− 2.6862
SIZE	377	1.2079	0.6016	0.3084	2.9025
ZLS	377	10.8359	1.5052	6.3261	14.4055
NUMBER OF ID	29	29	29	29	29

5. 变量之间的相关性分析与检验

为判断变量之间的相关性，需进行相关性分析，结果如表 5 - 6 所示。

在实证估计前，为避免出现伪回归并确保研究结论的正确性，本章同时采用两种检验方法（HT 检验和 IPS 检验）对所有变量进行面板单位根检验，如表 5 - 7 所示。检验结果表明变量均是平稳序列。

表 5 - 6 相关性分析结果

	CEI	CEE	CA	GF	FDI	FE	IND
CEI	1						
CEE	- 0. 548 ***	1					
CA	- 0. 0210	- 0. 155 ***	1				
GF	- 0. 443 ***	0. 578 ***	- 0. 287 ***	1			
FDI	- 0. 351 ***	0. 502 ***	- 0. 386 ***	0. 675 ***	1		
FE	0. 357 ***	- 0. 685 ***	0. 0530	- 0. 296 ***	- 0. 282 ***	1	
IND	- 0. 250 ***	0. 288 ***	- 0. 207 ***	0. 799 ***	0. 459 ***	0. 0730	1
ERTF	0. 340 ***	- 0. 176 ***	- 0. 0640	- 0. 006	- 0. 198 ***	0. 313 ***	0. 148 ***
SIZE	0. 365 ***	- 0. 287 ***	- 0. 136 ***	0. 295 ***	0. 0790	0. 538 ***	0. 571 ***
ZLS	- 0. 342 ***	0. 412 ***	- 0. 122 **	0. 592 ***	0. 445 ***	- 0. 364 ***	0. 201 ***
	ERTF	SIZE	ZLS				
ERTF	1						
SIZE	0. 371 ***	1					
ZLS	- 0. 0180	- 0. 116 **	1				

注: *** 、** 和 * 分别表示在1%、5%、10%水平下显著。

表 5 - 7 单位根检验结果

变量		HT	IPS	检验结果
GF	统计值	- 0. 1130	- 1. 9839	平稳
	P 值	0. 000 ***	0. 0283 **	
CEE	统计值	- 0. 0395	- 3. 4386	平稳
	P 值	0. 000 ***	0. 000 ***	
CEI	统计值	0. 0221	- 2. 4842	平稳
	P 值	0. 000 ***	0. 0002 ***	
CA	统计值	0. 2057	- 4. 4929	平稳
	P 值	0. 000 ***	0. 000 ***	

续表

变量		HT	IPS	检验结果
PGDP	统计值	− 0.1171	− 4.0226	平稳
	P 值	0.000 ***	0.000 ***	
FDI	统计值	0.3898	− 3.214	平稳
	P 值	0.0225 **	0.000 ***	
FE	统计值	0.1365	− 2.2043	平稳
	P 值	0.000 ***	0.0063 ***	
IND	统计值	0.3685	− 1.8464	平稳
	P 值	0.0256 **	0.0418 **	
ERTF	统计值	0.1273	− 1.3025	平稳
	P 值	0.000 ***	0.0236 **	
SIZE	统计值	0.3596	− 3.0949	平稳
	P 值	0.0053 ***	0.000 ***	
ZLS	统计值	0.0012	− 3.7098	平稳
	P 值	0.000 ***	0.000 ***	

注：*** 、** 和 * 分别表示在1%、5%、10%水平下显著。

（二）实证结果及分析

第一，基准回归。首先利用 Hausman 检验来判断应采用何种类型的面板数据模型研究绿色金融资源配置水平对碳中和的影响。在检验过程中，因卡方值为负，参考连玉君等（2014）的做法，采用修正后的 h 统计量进行检验，即采用 sigmamore 命令进行 Hausman 检验。检验结果如表5-8所示。在此基础上做基准回归分析，结果参见表5-9。

表5-8   **模型设定检验结果**

检验方法	卡方值	p 值	结果
Hausman 检验（CEI）	44.98	0.0000 ***	选择固定效应模型
Hausman 检验（CEE）	39.28	0.0000 ***	选择固定效应模型
Hausman 检验（CA）	38.25	0.0000 ***	选择固定效应模型

由表 5 - 8 可知，p 值小于 0.05，表明在 5% 的显著性水平上拒绝了原假设，即拒绝了随机效应模型和混合回归模型，因此选择固定效应模型。

表 5 - 9　　　　　　　　　基准回归分析结果

变量	固定效应模型（CEI）	固定效应模型（CEE）	固定效应模型（CA）
GF	- 2.2039 ***	- 0.1063 **	0.3617 *
	（- 3.66）	（- 2.61）	（1.94）
FDI	- 0.6355 ***	0.0478	0.0354 *
	（- 2.91）	（1.54）	（2.03）
FE	0.9286 *	- 0.7094 ***	0.5687 ***
	（1.85）	（- 3.30）	（4.47）
IND	0.7246	0.0080	0.0079
	（1.06）	（0.23）	（0.23）
ERTF	0.2594	1.8051	- 1.3905 **
	（0.478）	（2.18）	（- 2.31）
SIZE	- 0.1139	- 0.0085	- 0.0009
	（- 0.61）	（- 1.35）	（- 0.33）
ZLS	0.2570	- 0.0180 ***	0.0109 **
	（0.45）	（- 3.69）	（2.64）
截距项	- 0.7980 **	0.7013	16.7331 ***
	（- 0.25）	（4.20）	（241.65）
样本量	377	377	377
拟合优度	0.5750	0.5793	0.5389

注：括号下方是 T 值；***、** 和 * 分别表示在 1%、5%、10% 水平下显著。

由表 5 - 9 可知，绿色金融资源配置水平（GF）在 1% 的显著性水平上对碳排放强度（CEI）有负向影响，也即绿色金融资源配置水平的提高会降低地区的碳排放强度。绿色金融资源配置水平（GF）在 5%

的显著性水平上对碳排放效率（CEE）有负向影响，也即绿色金融资源配置水平的提高会降低地区的碳排放效率。这部分回归结果与前述理论分析结果不一致，初步分析可能存在内生性问题，对此后续将采用工具变量法解决。绿色金融资源配置水平（GF）在 10% 的显著性水平上对碳吸收量（CA）有正向影响，也即绿色金融资源配置水平的提高会相应提高地区的碳吸收量。

第二，异质性分析。首先，不同地区分组回归。为了考察我国绿色金融资源配置对碳中和的影响是否因为地区所处位置差异而存在明显的一致性，我们依据地理位置和经济发展水平的差异，将所研究的 29 个省份划分为东、中、西三个部分，进行分组回归。结果参加表 5 - 10、表 5 - 11 和表 5 - 12。

表 5 - 10　　　　　　　　　　　东部地区回归结果

变量	固定效应模型（CEI）	二阶段最小二乘法（CEE）	固定效应模型（CA）
GF	- 1.0922 ***	0.1521 ***	0.0709
	（- 4.62）	（4.50）	（0.48）
FDI	0.0814	0.0143	- 0.0014
	（0.46）	（1.01）	（- 0.11）
FE	- 1.3342	- 0.2416 ***	0.8292 ***
	（- 1.02）	（- 8.32）	（3.73）
IND	- 0.1278	- 0.2416 ***	0.0671
	（- 0.48）	（- 8.32）	（1.67）
ERTF	1.2469	0.0082	0.1056
	（0.35）	（0.32）	（0.15）
SIZE	0.0138	- 0.0857 ***	- 0.0038
	（0.66）	（- 3.55）	（- 1.19）
ZLS	0.0258	- 0.0406 ***	0.0052
	（0.12）	（- 4.40）	（0.78）

续表

变量	固定效应模型（CEI）	二阶段最小二乘法（CEE）	固定效应模型（CA）
截距项	− 0.03851	1.0916 ***	16.1147 ***
	（− 0.04）	（4.41）	（251.60）
样本量	143	132	143
拟合优度	0.7351	0.7017	0.6053

注：括号下方是 T 值；*** 、** 和 * 分别表示在 1%、5%、10% 水平下显著。

表 5 − 10 中结果表明，在东部地区，绿色金融对碳排放强度的影响系数为负，显著性水平为 1%；对碳排放效率的影响系数为正，显著性水平为 1%；对碳吸收量的影响系数为正，但并不显著。

表 5 − 11 西部地区回归结果

变量	固定效应模型（CEI）	二阶段最小二乘法（CEE）	固定效应模型（CA）
GF	− 2.3371 **	0.1242 ***	1.4529 ***
	（− 2.47）	（2.55）	（2.68）
FDI	− 3.8783 ***	− 0.0059	0.0327
	（− 4.46）	（− 0.26）	（1.21）
FE	2.5726	− 0.1469 ***	0.4768 ***
	（1.57）	（− 2.67）	（4.37）
IND	0.4874	− 0.1535 ***	− 0.0404
	（1.06）	（− 2.85）	（− 0.46）
ERTF	37.5792	0.1253 ***	− 0.9759
	（2.62）	（2.76）	（− 1.12）
SIZE	0.0145	− 0.0993 ***	− 0.0005
	（0.33）	（− 3.65）	（− 0.08）
ZLS	0.2554	− 0.0130	0.0078 ***
	（0.33）	（− 0.72）	（1.65）

续表

变量	固定效应模型（CEI）	二阶段最小二乘法（CEE）	固定效应模型（CA）
截距项	- 4. 3797	1. 2376 ***	16. 1147 ***
	（- 1. 09）	（6. 64）	（251. 60）
样本量	117	108	117
拟合优度	0. 7069	0. 6103	0. 6564

注：括号下方是 T 值；*** 、** 和 * 分别表示在 1%、5%、10% 水平下显著。

表 5 - 11 中结果表明，在西部地区，绿色金融对碳排放强度的影响系数为负，显著性水平为 5%；对碳排放效率和碳吸收量的影响系数均为正，显著性水平均为 1%。

表 5 - 12　　　　　　　　　　中部地区回归结果

变量	固定效应模型（CEI）	二阶段最小二乘法（CEE）	固定效应模型（CA）
GF	- 2. 8480 *	- 0. 0779 *	0. 6823 *
	（- 2. 19）	（- 1. 70）	（1. 68）
FDI	- 1. 3724	- 0. 0411 ***	0. 0048
	（- 0. 93）	（- 2. 59）	（0. 27）
FE	- 0. 2489	- 0. 1445 ***	0. 7367 *
	（- 0. 06）	（- 3. 52）	（1. 97）
IND	1. 3792	0. 1160 ***	- 0. 0223
	（0. 97）	（3. 73）	（- 0. 58）
ERTF	- 55. 9780	0. 0229	- 1. 0023
	（- 1. 30）	（0. 80）	（- 1. 37）
SIZE	- 0. 2309 *	- 0. 1192 ***	0. 0018
	（- 2. 05）	（- 8. 13）	（0. 89）
ZLS	4. 3497	- 0. 0166 *	0. 0110
	（1. 11）	（- 0. 72）	（1. 11）

变量	固定效应模型（CEI）	二阶段最小二乘法（CEE）	固定效应模型（CA）
截距项	-11.5993	0.4804 **	17.1585 ***
	（-0.97）	（2.10）	（135.45）
样本量	117	108	117
拟合优度	0.4098	0.6928	0.6564

注：括号下方是 T 值；*** 、** 和 * 分别表示在 1%、5%、10% 水平下显著。

表 5 - 12 中结果表明，在中部地区，绿色金融对碳排放强度和碳排放效率的影响系数均为负，显著性水平均为 10%；对碳吸收量的影响系数为正，显著性水平为 10%。

总体来看，绿色金融资源配置对碳排放强度的抑制作用对东、中、西部都较显著，但对中部地区的影响最强，其次是西部，再次是东部；绿色金融资源配置对东部和西部地区的碳排放效率呈现显著促进作用，对中部地区则呈现轻微抑制作用；绿色金融资源配置对碳吸收量的促进作用于西部和中部都较为显著，且对西部地区的影响效果远大于中部地区，但对东部地区不显著。

我国不同地区间自身要素禀赋的差异及区域间实施绿色金融政策程度的不同，导致地区间绿色金融资源配置水平存在一定差异，相应地其对碳中和目标的影响效果也存在明显的区域异质性。

此外，不同经济发展水平分组回归。为了进一步探究绿色金融资源配置对碳中和的影响是否会因为地区经济发展水平的差异存在异质性，我们将所研究的样本按地区人均 GDP 水平进行升序排列，分为经济发展水平低、中、高三组进行分组回归，结果如表 5 - 13 所示。

表 5 - 13 中结果表明，绿色金融资源配置对碳排放强度的影响系数在不同经济发展水平的地区均为负，在低、高经济发展水平地区显著性水平分别为 5% 和 1%，对中等经济发展水平的地区的影响不显著；从影响系数的绝对值来看，其随着经济发展水平提高而递减，也

即地区经济发展水平越低，绿色金融资源配置对碳排放强度的抑制作用越大。

表 5 - 13　　　　　　　不同经济发展水平分组回归结果（CEI）

变量	CEI（1）	CEI（2）	CEI（3）
GF	- 3. 132 **	- 2. 643	- 1. 680 ***
	（- 1. 201）	（- 1. 826）	（- 0. 368）
FDI	2. 606	- 0. 088	0. 021
	（3. 541）	（- 0. 369）	（0. 197）
FE	4. 064 **	- 0. 571	- 1. 415
	（1. 596）	（- 3. 754）	（- 1. 222）
IND	0. 640	0. 159	0. 214
	（1. 386）	（0. 543）	（0. 312）
ERTF	4. 038	- 52. 163	1. 279
	（16. 232）	（- 46. 793）	（2. 859）
SIZE	0. 134 *	- 0. 275 **	0. 009
	（0. 073）	（- 0. 126）	（0. 033）
ZLS	- 0. 310	2. 080	1. 318
	（- 0. 500）	（2. 797）	（0. 980）
截距项	- 5. 858	- 4. 602	- 4. 490
	（- 4. 656）	（- 8. 498）	（- 2. 651）
样本量	126	126	125
拟合优度	0. 3320	0. 2441	0. 3571

注：括号下方是 T 值；*** 、** 和 * 分别表示在 1%、5%、10% 水平下显著。

表 5 - 14 中结果表明，绿色金融资源配置对碳排放效率的影响系数在不同经济发展水平的地区均为正，在中、高经济发展水平地区显著性水平均为 1%，对经济发展水平低的地区的影响不显著；从影响系数的绝对值来看，其对中等经济发展水平地区的促进作用大于对高经济发展

表 5-14　　　　　　　　**不同经济发展水平分组回归结果（CEE）**

变量	CEE（1）	CEE（2）	CEE（3）
GF	0.026	0.212 ***	0.187 ***
	(0.050)	(0.039)	(0.057)
FDI	0.057 ***	0.025 **	0.022
	(0.019)	(0.012)	(0.017)
FE	-0.160 ***	-0.200 ***	-0.283 ***
	(-0.036)	(-0.033)	(-0.053)
IND	-0.043	0.017	0.181 ***
	(-0.044)	(0.036)	(0.038)
ERTF	0.059 *	0.035 *	-0.049 *
	(0.033)	(0.020)	(-0.029)
SIZE	-0.074 ***	-0.136 ***	-0.074 ***
	(-0.021)	(-0.020)	(-0.021)
ZLS	-0.011	-0.045 ***	-0.020 **
	(-0.012)	(-0.010)	(-0.009)
截距项	0.884 ***	1.456 ***	0.564 **
	(0.225)	(0.173)	(0.240)
样本量	123	122	123
拟合优度	0.6200	0.7959	0.8301

注：括号下方是 T 值；***、** 和 * 分别表示在 1%、5%、10% 水平下显著。

水平地区的促进作用。

表 5-15 的结果表明，绿色金融资源配置对碳吸收量的影响系数在不同经济发展水平的地区均为正，在中、高经济发展水平的地区显著性水平分别为 5% 和 10%，对经济发展水平低的地区的影响不显著；从影响系数的绝对值来看，其对中等经济发展水平地区的促进作用显著大于对高经济发展水平地区的促进作用。

表 5 - 15　　　　　　　**不同经济发展水平分组回归结果（CA）**

变量	CA（1）	CA（2）	CA（3）
GF	0.672	0.643 **	0.198 *
	（0.796）	（0.241）	（0.104）
FDI	0.034	0.004	- 0.002
	（0.051）	（0.006）	（ - 0.011）
FE	0.701 ***	0.193	0.401 **
	（0.166）	（0.120）	（0.163）
IND	- 0.025	0.004	0.036
	（ - 0.075）	（0.022）	（0.028）
ERTF	- 0.782	- 0.783	0.181
	（ - 1.135）	（ - 0.496）	（0.442）
SIZE	- 0.006	0.006	- 0.003 *
	（ - 0.005）	（0.004）	（ - 0.001）
ZLS	0.011	0.004 *	0.008
	（0.007）	（0.002）	（0.005）
截距项	17.083 ***	17.040 ***	16.069 ***
	（0.135）	（0.053）	（0.037）
样本量	126	126	125
拟合优度	0.4641	0.2622	0.5989

注：括号下方是 T 值；*** 、** 和 * 分别表示在 1%、5%、10% 水平下显著。

　　我们尝试用地区处于不同经济发展水平时，绿色金融资源配置对碳中和影响的边际效应不同来解释上述回归结果差异。具体而言，当地区经济发展水平较低时，由于绿色金融资源配置发展不全面，该影响的边际效应尚低，此阶段仅初步呈现其对碳排放强度的抑制作用，而尚未发挥出其对碳排放效率和碳吸收量的促进作用。当地区经济发展达到中等水平时，该影响的边际效应达到最高，此时绿色金融资源配置充分发挥其对碳排放效率和碳吸收量的正向影响。当地区达到高经济发展水平阶段时，绿色金融资源配置对碳排放强度的抑制作用及对碳排放效率和碳吸收量的促进效应已在前阶段得以大幅发挥，在当前阶段上述影响的边际效应已进入下降阶段，故其影响效果远低于中等经济发展水平阶段。

第三，稳健性检验。首先，将核心解释变量滞后一期作为工具变量，进行二阶段最小二乘回归，结果如表5-16所示；其次，对数据进行1%的缩尾处理后进行回归，结果如表5-17所示。

（1）工具变量法。由于研究经济问题时，遗漏变量、双向因果等均有可能导致内生性问题。考虑到绿色金融资源配置对碳中和产生影响存在一定时滞性，为此，我们以核心解释变量的滞后一期作为工具变量，运用最小二乘法进行回归。

表5-16　　　　　　　　　稳健性检验-工具变量法

变量	二阶段最小二乘法（CEI）	二阶段最小二乘法（CEE）	二阶段最小二乘法（CA）
GF	-3.0973***	0.1531***	0.5207*
	(-6.93)	(4.72)	(1.80)
FDI	0.4835***	0.0618***	-0.9377***
	(3.82)	(2.90)	(-7.48)
FE	-1.0770***	-0.8577***	-0.1133
	(-2.95)	(-7.88)	(-0.19)
IND	-1.5956***	0.0726***	-0.4933***
	(-3.76)	(2.32)	(-4.05)
ERTF	0.9541***	1.6283**	3.0330
	(4.59)	(2.32)	(0.51)
SIZE	2.5119***	-0.0215***	-0.0385
	(7.82)	(-6.03)	(-1.22)
ZLS	0.5996	-004099***	0.1151**
	(0.61)	(-4.12)	(1.76)
截距项	-5.0801	1.9683***	16.1449***
	(-1.57)	(6.49)	(13.21)

续表

变量	二阶段最小二乘法（CEI）	二阶段最小二乘法（CEE）	二阶段最小二乘法（CA）
样本量	348	348	348
拟合优度	0.5866	0.7017	0.9083

注：括号下方是 T 值；***、** 和 * 分别表示在 1%、5%、10% 水平下显著。

表 5 - 16 的结果显示，CEI 与 GF 依旧为负相关，即绿色金融资源配置会导致碳排放强度下降；CA 与 GF 正相关，即绿色金融资源配置会导致碳吸收量增加；但 CEE 与 GF 变为正相关，也即绿色金融资源配置水平的提高反而会降低当年的碳排放效率，但会显著提升次年的碳排放效率。综合分析表 5 - 9 和表 5 - 16 的结果差异的原因可能在于绿色金融资源配置发生改变后，其需要一定的时间周期，才能通过资本集聚、资源配置、投资消费导向及监督与激励功能等途径逐渐显现出其对碳排放效率的正向影响。因此，为避免内生性问题对 CEE 的回归结果产生影响，我们在异质性分析及稳健性检验中关于 GF 对 CEE 的影响的研究中，均将核心解释变量 GF 滞后一期进行回归。

（2）缩尾处理。为避免原始数据存在严重的数值离群的问题从而对回归结果产生干扰，我们对数据进行 1% 的缩尾处理，然后对模型进行重新回归，结果见表 5 - 17。

表 5 - 17 　　　　　　　　　稳健性检验—缩尾处理

变量	固定效应模型（CEI）	二阶段最小二乘法（CEE）	固定效应模型（CA）
GF	- 2.1776 ***	0.1487 ***	0.3563 **
	（- 3.69）	（4.64）	（2.09）
FDI	- 0.6288 ***	- 0.0630 ***	0.0350
	（- 2.86）	（- 2.99）	（1.98）*
FE	0.9071 *	- 0.8581 ***	0.5792 ***
	（1.81）	（- 8.11）	（4.21）

续表

变量	固定效应模型（CEI）	二阶段最小二乘法（CEE）	固定效应模型（CA）
IND	0.6932	0.0733 ***	− 0.0002
	(1.05)	(5.38)	(− 0.01)
ERTF	0.2927	1.6351 **	− 1.5097
	(0.83)	(2.51)	(− 2.51)
SIZE	− 0.1374	− 0.0222 ***	− 0.0009
	(− 0.75)	(− 6.22)	(− 0.38)
ZLS	0.2735	− 0.4099 ***	0.0096 **
	(0.46)	(− 4.06)	(2.40)
截距项	− 0.6647	1.9670 ***	16.7457 ***
	(− 0.21)	(6.38)	(240.42)
样本量	377	348	377
拟合优度	0.4007	0.7069	0.5410

注：括号下方是 T 值；*** 、** 和 * 分别表示在 1%、5%、10% 水平下显著。

由表 5 - 17 可知，经缩尾处理后，绿色金融资源配置对碳排放强度的回归系数仍显著为负，而对碳排放效率和碳吸收量的回归系数同样显著为正。

第四，门槛模型。固定效应回归结果表明，绿色金融资源配置与碳排放强度、碳排放效率和碳吸收量均存在显著关系，但是仅以此得出的结论存在一定的片面性。由于不同地区要素禀赋均存在差异，当地区经济发展水平不同时，绿色金融资源配置对碳中和的影响效应同样可能存在相应差异。我们认为，绿色金融资源配置不仅对碳中和进程的推进有正向作用，而且随着经济发展水平的改变，影响效应会存在显著的异质性。为了验证假设 2，探究绿色金融资源配置与碳排放强度、碳排放效率和碳吸收量是否存在非线性关系，我们分别以 CEI、CEE 和 CA 作为被解释变量，以地区人均 GDP 来衡量经济发展水平，并将其作为门槛变量，进行门槛模型的构建。

首先，以碳排放强度 CEI 为被解释变量，依次设定门槛值为 0、1、2、3，对模型进行估计，得到的 F 统计量和采用"自抽样法"得出的 P 值见表 5 - 18。

表 5 - 18　　　　　门槛效应存在性检验结果（被解释变量 CEI）

	F 值	P 值	临界值		
			1%	5%	10%
单一门槛检验	67.21	0.0000 ***	19.0407	22.8665	30.1628
双重门槛检验	44.85	0.0000 ***	16.7708	19.2897	27.5552
三种门槛检验	14.27	0.3660	24.1927	26.5851	37.2466

注：p 值和临界值均为采用 Bootstrap "自抽样法"反复抽样 500 次得到的结果；*** 、**和* 分别表示在 1%、5%、10% 水平下显著，下同。

由表 5 - 18 的数据分析可知，单门槛和双门槛检验都在 1% 的置信水平下显著，确定存在门槛效应，门槛值为 2，并且进一步可估计得到门槛变量的门槛值 γ，双门槛的估计值列示于表 5 - 19。

表 5 - 19　　　　　门槛估计结果（被解释变量 CEI）

	门槛值	下限	上限
单门槛	10.0955	10.0700	10.1146
双门槛 - 1	9.9458	9.9299	9.9478
双门槛 - 2	10.4592	10.4520	10.4598

由表 5 - 19 可知，γ_1 为 9.9458，γ_2 为 10.4592，即地区绿色金融资源配置水平对当地碳排放强度的影响在 $lnPGDP$ 达到 9.9458 和 10.4592 时会发生实质性变化。

绿色金融资源配置水平和碳排放强度先呈正相关，在 lnPGDP 达到 9.9458 后，两者间影响效果变为负相关，在 lnPGDP 进一步达到 10.4592

后，两者仍旧呈负相关，但影响系数的绝对值变大。核心解释变量绿色金融资源配置水平在1%的水平下显著。

表5-20　　门槛效应检验的参数估计结果（被解释变量CEI）

门槛变量	解释变量		系数估计值	标准误差	T值	P值	95%置信区间	
PGDP	GF	$lnPGDP < \gamma_1$	1.5289	0.5472	2.79	0.006 ***	0.4526	2.6052
		$\gamma_1 < lnPGDP < \gamma_2$	-1.0409	1.5528	-2.97	0.003 ***	-1.7304	-0.3515
		$LnPGDP > \gamma_2$	-2.5989	0.2756	-9.43	0.000 ***	-3.1409	-2.0569
	FDI		-0.1225	0.0338	-3.63	0.000 ***	-0.1890	-0.0560
	FE		0.8773	0.3188	2.76	0.006 *	0.2515	1.5030
	IND		-0.0779	0.0732	-1.06	0.098 *	-0.0222	0.0661
	ERTF		-0.0116	0.0438	-0.27	0.791	-0.0979	0.0746
	SIZE		-0.1368	0.0429	-3.19	0.002 ***	-0.0015	0.0018
	ZLS		-0.0341	0.0100	-3.41	0.001 *	-0.0540	-0.0144
	cons		1.0620	0.2138	4.97	0.000 ***	0.6414	1.4826

注：*** 、** 和 * 分别表示在1%、5%、10%水平下显著。

结合表5-20中数据可知，当地区经济发展水平处于低水平即 lnPGDP≤9.9458 时，绿色金融资源配置水平对当地碳排放强度的影响系数为正，为1.5289，也即在此阶段绿色金融资源配置水平会提高碳排放强度；而随着地区经济的进一步发展，当 9.9458 < lnPGDP < 10.4592 时，绿色金融资源配置水平对当地碳排放强度的影响系数变为负，影响系数为 -1.0409；当 lnPGDP > 10.4592 时，影响因子依旧为负，但绝对值变大为2.5989，即在此阶段绿色金融资源配置水平降低，对当地碳排放强度的影响增强了。

我们认为，当地区经济发展水平较低时，由于绿色金融也在发展初期，其资源配置水平未能发挥节能减排的作用，故与碳排放强度存在正向关系；而随着经济进一步发展，随着绿色金融资源配置水平进一步提高，开始推动节能减排，引领整个社会转至低碳可持续发展，即其对碳排放强度的抑制作用逐渐开始体现。并且经济发展水平越高，越有利于绿色产业的资本聚集和绿色发展信息披露制度的构建及绿色发展信息传递手段的完善，从而促进绿色产业结构的调整并提升绿色金融资源配置的整体水平；绿色金融通过影响企业融资渠道、信息交易成本和管理风险等要素，影响企业碳减排相关的技术创新活动的开展，继而影响相关的技术水平，从而逐渐强化对碳排放强度的抑制作用。

其次，以碳排放效率 CEE 为被解释变量，同样，依次设定门槛值为 0、1、2、3，对模型进行估计，得到的 F 统计量和采用"自抽样法"得出的 P 值见表 5 – 21。

表 5 – 21　　　　　　门槛效应存在性检验（被解释变量 CEE）

	F 值	P 值	1%	5%	10%
			临界值		
单一门槛检验	43.66	0.0080 ***	25.5049	30.5958	40.9979
双重门槛检验	23.33	0.0580 *	20.3272	24.3671	39.9852
三种门槛检验	8.67	0.6780	25.2371	30.6236	42.7835

注：p 值和临界值均为采用 Bootstrap "自抽样法"反复抽样 500 次得到的结果；*** 、** 和 * 分别表示在 1% 、5% 、10% 水平下显著，下同。

由表 5 – 21 数据分析可知，单门槛检验在 1% 的置信水平下显著，确定存在门槛效应，门槛值为 1，并且进一步可估计得到门槛变量的门槛值 γ，单个门槛的估计值列示于表 5 – 22。

表 5 – 22　　　　　　门槛估计结果（被解释变量 CEE）

	门槛值	下限	上限
单门槛	9.9751	9.9633	9.9848

由表 5 - 22 可知，γ 约为 9.9751，即地区绿色资源配置水平对当地碳排放效率的影响在 lnPGDP 达到 9.9751 时会发生实质性变化。

表 5 - 23　　门槛效应检验的参数估计结果（被解释变量 CEE）

门槛变量	解释变量		系数估计值	标准误差	T 值	P 值	95% 置信区间	
PGDP	GF	lnPGDP < γ	0.9542	0.1726	5.53	0.000 ***	0.6148	1.2936
		lnPGDP > γ	0.2938	0.1107	2.66	0.008 ***	0.07637	0.5113
	FDI		0.0399	0.02663	1.50	0.135	- 0.0125	0.0923
	FE		- 0.6458	0.0996	- 6.48	0.000 ***	- 0.84187	- 0.4499
	IND		- 0.0821	0.0208	- 3.94	0.000 ***	- 0.12311	- 0.0412
	ERTF		1.9342	0.4408	4.39	0.000 ***	1.0672	2.8012
	SIZE		- 0.0109	0.00294	- 3.83	0.000 ***	- 0.01662	- 0.0053
	ZLS		- 1.78e - 07	2.28e - 08	- 7.78	0.000 ***	- 2.23e - 07	- 1.33e - 07
	cons		0.7725	0.0274	28.23	0.000 ***	0.7187	0.8264

注：***，** 和 * 分别表示在 1%、5%、10% 水平下显著。

由上表 5 - 23 可知，绿色金融资源配置水平和碳排放效率呈正相关，核心解释变量绿色金融资源配置水平在 1% 的水平下显著，说明绿色金融资源配置水平的提升会提高碳排放效率。当地区经济发展水平处于低水平（lnPGDP ≤ 9.9751）时，绿色金融资源配置水平对当地碳排放效率的影响系数为正，绝对值较大，为 0.9542，也即此时绿色金融资源配置水平提升对碳排放效率提升的促进作用较大；而随着地区经济的进一步发展，当 lnPGDP > 9.9751 时，绿色金融资源配置水平对当地碳排放效率的影响系数为正，但绝对值降低为 0.2938，即在此时绿色金融资源配置水平的提升依然会带动碳排放效率的提升，但是影响程度仅为达到门槛值之前的 30.79%。对此，我们认为，当经济发展水平较低时，推动绿色金融资源配置水平的提升对碳排放效率提升的边际效用较高，而随着经济发展水平的提高，绿色金融资源配置水平对碳排放效率的促进作用逐渐减缓。

再次，以碳吸收 CA 为被解释变量，同样依次设定门槛值为 0、1、2、3，对模型进行估计，得到的 F 统计量和采用"自抽样法"得出的 P 值见表 5 – 24。

表 5 – 24　　　　门槛效应存在性检验结果（被解释变量 CA）

	F 值	P 值	1%	5%	10%
			临界值		
单一门槛检验	52.06	0.0000***	20.2060	24.9356	32.3404
双重门槛检验	20.19	0.1240	21.6453	25.5807	31.6494
三种门槛检验	8.47	0.6240	20.0977	24.5580	36.3358

注：p 值和临界值均为采用 Bootstrap "自抽样法" 反复抽样 500 次得到的结果；***、**和 * 分别表示在 1%、5%、10% 水平下显著，下同。

由表 5 – 24 可知，单门槛检验在 1% 的置信水平下显著，确定存在门槛效应，门槛值为 1，并且进一步可估计得到门槛变量的门槛值 γ，单个门槛的估计值列示于表 5 – 25。

表 5 – 25　　　　门槛估计结果（被解释变量 CA）

	门槛值	下限	上限
单门槛	10.2465	10.2289	10.2496

由表 5 – 25 可知，γ 约为 10.2465，即地区绿色资源配置水平对当地碳排放效率的影响效果在 lnPGDP 达到 10.2465 时会发生实质性变化。

由表 5 – 26 可知，绿色金融资源配置水平和碳吸收先呈负相关，在 lnPGDP 跨越门槛值 10.2465 后变为正相关，核心解释变量绿色金融资源配置水平于不同阶段分别在 5% 和 1% 的水平下显著，即随着经济发展提高至一定水平就会提升碳吸收量。同时，当地区经济发展处于低水平（lnPGDP≤10.2465）时，绿色金融资源配置水平对当地碳吸收的影响系数为负，影响因子的绝对值为0.1626，说明绿色金融资源配置水平的提升起初会降低碳吸收量；而当lnPGDP>10.2465时，绿色金融资源配置水平对当地碳吸收量的影响系数为正，且绝对值增加为0.3154，即在此时绿色金融资源配置水平的提高会促进碳吸收量的增加，且促进效果远高于之前的阻碍效果。

表5-26　　门槛效应检验的参数估计结果（被解释变量CA）

门槛变量	解释变量		系数估计值	标准误差	T值	P值	95%置信区间	
PGDP	GF	lnPGDP<γ	-0.1626	0.1160	-1.40	0.016**	-0.3907	0.0656
		lnPGDP>γ	0.3154	0.0880	3.58	0.000***	0.1422	0.4885
	FDI		0.0153	0.0224	0.68	0.496	-0.0288	0.0594
	FE		0.4786	0.0813	5.89	0.000***	0.3187	0.6386
	IND		0.0178	0.0174	1.02	0.010***	-0.0166	0.0521
	ERTF		-0.8950	0.3535	-2.53	0.012**	-1.5905	-0.1995
	SIZE		-0.0005	0.0023	-0.22	0.829	-0.0051	0.0041
	ZLS		0.0079	0.0026	3.09	0.002***	0.0029	0.0130
	cons		16.7180	0.0335	499.08	0.000***	16.6521	16.7839

注：***、**和*分别表示在1%、5%、10%水平下显著。

我们认为，在经济发展初期，绿色金融资源配置水平未能充分起到资金引导作用，经济发展仍以粗放型为主，致使各行业仍旧存在以资源和环境为代价追求利润增长的现象，尤其是对陆地碳汇的破坏，导致此阶段对碳吸收量的促进作用并未得以充分显现，故出现绿色金融资源配置水平提升之初会降低碳吸收量的现象。而随着经济发展水平的提升，各经济主体开始更加重视生态和环境保护，此时绿色金融资源配置能力逐渐成熟，能充分发挥自身资金引导等功能，推动全社会采取各项手段，如植树造林、退耕还林等，增加碳吸收能力。

六　研究结论与政策建议

（一）研究结论

我国当前仍处于发展方式转变的阶段，当前经济发展的过程中仍然会增加碳排放总量，也即我国的二氧化碳排放量仍处于碳达峰前的阶段。随着经济发展水平的提升，绿色金融资源配置水平会通过影响碳排放强度、碳排放效率和碳吸收量，逐渐发挥其促进碳中和目标实现的潜力。本文研究得到的结论如下。

第一，绿色金融资源配置水平的提高可通过抑制碳排放强度的提高、促进碳排放效率和碳吸收量的提高来推动碳中和目标的实现，但是绿色金融资源配置对碳排放效率的促进作用存在一定的滞后性。

第二，绿色金融资源配置对碳中和的影响基于地区经济发展水平的差异而存在异质性。经济发展水平到一定程度能显著推动绿色金融资源配置水平的发展，而绿色金融资源配置水平发展到一定程度又会相应地从碳减排和碳吸收两个维度对碳中和产生影响。影响效果具体表现为绿色金融资源配置对碳中和的影响存在异质性。一是在经济发展水平较低时，绿色金融资源配置对碳排放强度的影响为正，即绿色金融资源配置会推动碳排放强度增加；但在经济发展到一定阶段时，绿色金融资源配置水平与碳排放强度应呈负相关，在此时绿色金融资源配置可推动碳减排，即对碳中和目标发挥正向效应。二是绿色金融资源配置水平对碳排放效率的影响呈正相关，但在不同经济发展阶段的影响系数不同，其中随着经济发展水平达到一定阶段，影响系数会降低。三是在经济发展水平较低时，绿色金融资源配置水平的提高先会造成碳吸收量的下降；但随着经济发展至一定程度后，绿色金融资源配置水平的提高会对碳吸收量造成正向影响，且在该阶段影响系数的绝对值远大于前阶段。

究其原因，一方面，绿色金融资源配置通过引导市场资金等方式，促使整个经济体主动或被动地调整产业结构，如对高新技术、清洁生产、循环经济、节能降耗及碳吸收和碳封存等产业提供支持，同时对高能耗、高排放的产业予以管制和清理，促使经济发展逐步趋向绿色可持续。另一方面，在经济发展水平逐渐提高的过程中，人们的消费结构发生改变，环保意识提升，会主动倡导并执行经济的绿色可持续发展。随着经济绿色可持续发展的推进，绿色金融资源配置水平的逐步提高，整个社会资源利用效率提高及生产过程中的污染排放降低，会影响碳排放强度、碳排放效率和碳吸收量，从而能更好地实现碳中和目标。

（二）政策建议

第一，各地区应根据自身所处经济发展阶段，明确当前绿色金融资源配置对碳排放强度、碳排放效率和碳吸收量的影响效应的特征，从而制订相应的绿色金融发展计划。如果地区当前处于经济发展水平较低的阶段，绿色金融资源配置与碳排放强度存在正相关或与碳排放效率以及碳吸收量存在负相关的情况，证明当前地区经济发展水平尚不足以使绿色金融资源配置发挥实现碳中和目标的正向效应，则应该首先大力推动绿色资金、绿色技术及人才的引入，同时加强绿色金融体系的建设，此外还需提前规划自身产业结构升级，提早推动高端制造业的发展，逐步减轻地方经济对高耗能、高排放和高污染产业的依赖，同时借鉴其他地区的发展经验，推动第三产业优化升级，发展新兴服务业；而对于当前经济发展水平较高的地区，当前绿色金融资源配置已显现出对实现碳中和目标的推动作用，此时应注意避免绿色金融资源过度集聚造成集聚不经济现象。

第二，仅依靠政府进行政策和资金补助是难以满足碳中和目标所需的资金缺口的，因此应加强政府与市场之间的协调，灵活运用金融的资源配置和资金引导功能，吸引更多民间资本进入碳中和领域，从而减轻政府财政资金压力，同时集聚社会力量共同推动碳中和目标的实现。

第三，进一步优化金融资源配置。一是推动利率市场化改革，充分发挥市场在绿色金融资源配置中的作用，推动绿色金融相关创新，创造更贴合绿色发展需要的货币政策工具来支持各项节能减排、增加碳吸收的项目。同时应加快区域性绿色股票市场、绿色债券市场、绿色期货市场、绿色保险市场等多层次绿色资本市场的发展。二是对绿色金融监管体制进行改革，加强和完善政府与行业协会等多层次多主体的监管体系和信息披露制度。在促进金融和科技的绿色创新时，要注重监管与规范不同层次绿色资本市场的运作，着重避免"漂绿"行为带来的负面影响，切实解决绿色技术创新投入不足和资源错配等问题。三是增强绿色金融服务实体经济的能力。绿色金融应与区域产业政策相结合，以促进区域经济协调、绿色发展。鉴于我国当前存在区域间金融资源配置水平相差较大的情况，政府相关部门应制定针对欠发达地区的绿色金融优惠政策，避免绿色金融资源向经济发达地区过度集聚使得经济发展水平不同的地区实现碳中和目标的时间出现严重断层。四是贯彻落实新发展理念，转变经济发展模式，引导国内外资金流向绿色领域，促进能源消费结构向高效化和清洁化升级，同时推动社会产业结构的绿色升级。此外，要充分发挥政府与市场的作用，一方面深化市场机制改革；另一方面在市场机制尚未充分发挥作用的前期注重发挥政府职能，发挥其引导作用，促使微观主体推动绿色金融资源配置水平的提高，充分发挥各主体在推动"双碳目标"实现中的积极作用。

参考文献

中文文献

安国俊：《碳中和目标下的绿色金融创新路径探讨》，《南方金融》2021
年第 2 期。

巴曙松、杨春波、姚舜达：《中国绿色金融研究进展述评》，《金融发展
研究》2018 年第 6 期。

曹李朵：《审计质量、财务重述与公司投资效率》，《财会通讯》2018
年第 36 期。

曹廷求、张翠燕、杨雪：《绿色信贷政策的绿色效果及影响机制——基
于中国上市公司绿色专利数据的证据》，《金融论坛》2021 年第 5 期。

柴晶霞：《绿色金融影响宏观经济增长的机制与路径分析》，《生态经
济》2018 年第 9 期。

常杪、任昊、李冬溦：《我国银行环境风险评估体系与方法——以钢铁
行业为案例》，《环境保护》2010 年第 22 期。

陈林、伍海军：《国内双重差分法的研究现状与潜在问题》，《数量经济
技术经济研究》2015 年第 7 期。

陈罗烨、薛领、雪燕：《中国农业净碳汇时空演化特征分析》，《自然资
源学报》2016 年第 4 期。

陈明星、程嘉梵、周园等：《碳中和的缘起、实现路径与关键科学问题：
气候变化与可持续城市化》，《自然资源学报》2022 年第 5 期。

陈涛、李晓阳、陈斌：《中国碳排放影响因素分解及峰值预测研究》，

《安全与环境学报》2022 年第 12 期。

陈旭、李健：《CEO 金融背景能提高企业投资效率吗?》，《武汉金融》
　　2023 年第 1 期。

陈瑶：《中国区域工业绿色发展效率评估——基于 R&D 投入视角》，
　　《经济问题》2018 年第 12 期。

陈屹立、邓雨薇：《环境规制、市场势力与企业创新》，《贵州财经大学
　　学报》2021 年第 1 期。

陈智连、高辉、张志勇：《绿色金融发展与区域产业结构优化升级——
　　以西部地区为例》，《西南金融》2018 年第 11 期。

崔和瑞、段春林、赵巧芝：《绿色金融与绿色科技耦合协调发展——理
　　论机制与演化特征》，《工业技术经济》2023 年第 2 期。

崔欢、严浩坤：《我国绿色保险发展存在的问题及建议》，《农村经济与
　　科技》2020 年第 19 期。

崔凌瑜、祝志勇：《新经济形势下企业社会责任报告披露、融资约束与
　　投资效率：基于制度环境视角》，《工程管理科技前沿》2022 年第
　　2 期。

代文、邱晗：《我国碳减排政策对企业投资效率的影响探究》，《当代经
　　济》2019 年第 6 期。

单豪杰：《中国资本存量 K 的再估算：1952—2006 年》，《数量经济技
　　术经济研究》2008 年第 10 期。

邓慧慧、杨露鑫：《雾霾治理、地方竞争与工业绿色转型》，《中国工业
　　经济》2019 年第 10 期。

丁仲礼：《中国碳中和框架路线图研究》，《中国工业和信息化》2021
　　年第 8 期。

董洁：《真实盈余管理对投资效率的影响研究》，硕士学位论文，青岛理
　　工大学，2020 年。

董静、黄卫平：《西方低碳经济理论的考察与反思——基于马克思生态
　　思想视角》，《当代经济研究》2018 年第 2 期。

董宁:《我国信贷支持高碳行业绿色低碳转型机制、问题及政策建议》,《金融发展研究》2022 年第 6 期。

董晓红、富勇:《绿色金融和绿色经济耦合发展空间动态演变分析》,《工业技术经济》2018 年第 12 期。

董媛香、张国珍:《数字基础设施建设能否带动企业降碳绿色转型?——基于生产要素链式网状体系》,《经济问题》2023 年第 6 期。

窦延文:《深圳碳市场流动率稳居全国第一》,《深圳特区报》2023 年 1 月 14 日第 A01 版。

杜莉、万方:《中国统一碳排放权交易体系及其供需机制构建》,《社会科学战线》2017 年第 6 期。

杜莉、郑立纯:《我国绿色金融政策体系的效应评价——基于试点运行数据的分析》,《清华大学学报》(哲学社会科学版)2019 年第 1 期。

杜强、陈乔、陆宁:《基于改进 IPAT 模型的中国未来碳排放预测》,《环境科学学报》2012 年第 9 期。

段晓男、王效科、逯非等:《中国湿地生态系统固碳现状和潜力》,《生态学报》2008 年第 2 期。

方精云、郭兆迪、朴世龙等:《1981—2000 年中国陆地植被碳汇的估算》,《中国科学(D 辑:地球科学)》2007 年第 6 期。

方精云、于贵瑞、任小波等:《中国陆地生态系统固碳效应——中国科学院战略性先导科技专项"应对气候变化的碳收支认证及相关问题"之生态系统固碳任务群研究进展》,《中国科学院院刊》2015 年第 6 期。

冯宗宪、贾楠亭、程鑫:《环境规制、技术创新与企业产权性质》,《西安交通大学学报》(社会科学版)2020 年第 5 期。

付加锋、庄贵阳、高庆先:《低碳经济的概念辨识及评价指标体系构建》,《中国人口·资源与环境》2010 年第 8 期。

付喆、颜建晔、孙艳梅等:《基于绿色索罗模型的中国碳排放峰值预测》,《华中师范大学学报》(人文社会科学版)2019 年第 5 期。

高原、申珍珍：《绿色金融改革政策的碳减排效应》，《中国环境科学》
    2022 年第 10 期。

谷立霞、王红宝、王俊岭：《低碳经济范式下落后产能退出机制研究》，
    《生产力研究》2011 年第 9 期。

顾海峰、朱慧萍：《经济政策不确定性、融资约束与企业投资效率》，
    《现代经济探讨》2021 年第 12 期。

顾雷雷、郭建鸾、王鸿宇：《企业社会责任、融资约束与企业金融化》，
    《金融研究》2020 年第 2 期。

郭希宇：《绿色金融助推低碳经济转型的影响机制与实证检验》，《南方
    金融》2022 年第 1 期。

国务院发展研究中心课题组、马建堂、李建伟等：《认识人口基本演变
    规律　促进我国人口长期均衡发展》，《管理世界》2022 年第 1 期。

韩冰、王效科、逯非等：《中国农田土壤生态系统固碳现状和潜力》，
    《生态学报》2008 年第 2 期。

韩超、王震：《寻找规制治理外的减排力量：一个外资开放驱动减排的
    证据》，《财贸经济》2022 年第 6 期。

韩慧宇：《碳排放权交易制度实践及完善建议》，《北方经济》2022 年
    第 4 期。

韩钰、臧传琴：《绿色金融、环境规制与污染密集型产业的区域差异分
    析——基于 1995—2017 年的区域面板数据》，《农村金融研究》2020
    年第 5 期。

韩召迎、孟亚利、徐娇等：《区域农田生态系统碳足迹时空差异分析——
    以江苏省为案例》，《农业环境科学学报》2012 年第 5 期。

何枫、马栋栋、祝丽云：《中国雾霾污染的环境库兹涅茨曲线研究——基
    于 2001—2012 年中国 30 个省市面板数据的分析》，《软科学》2016 年
    第 4 期。

何晓博：《中国碳排放峰值预测研究》，硕士学位论文，华北电力大学，
    2019 年。

洪竞科、李沅潮、蔡伟光：《多情景视角下的中国碳达峰路径模拟——基于 RICE-LEAP 模型》，《资源科学》2021 年第 4 期。

胡珺、黄楠、沈洪涛：《市场激励型环境规制可以推动企业技术创新吗？——基于中国碳排放权交易机制的自然实验》，《金融研究》2020 年第 1 期。

黄成、吴传清：《长江经济带工业绿色转型与生态文明建设的协同效应研究》，《长江流域资源与环境》2021 年第 6 期。

黄建欢、吕海龙、王良健：《金融发展影响区域绿色发展的机理——基于生态效率和空间计量的研究》，《地理研究》2014 年第 3 期。

黄俊威、龚光明：《融资融券制度与公司资本结构动态调整——基于"准自然实验"的经验证据》，《管理世界》2019 年第 10 期。

黄凌云、谢会强、刘冬冬：《技术进步路径选择与中国制造业出口隐含碳排放强度》，《中国人口·资源与环境》2017 年第 10 期。

黄炜、张子尧、刘安然：《从双重差分法到事件研究法》，《产业经济评论》2022 年第 2 期。

江红莉、王为东、王露等：《中国绿色金融发展的碳减排效果研究——以绿色信贷与绿色风投为例》，《金融论坛》2020 年第 11 期。

金佳宇、韩立岩：《国际绿色债券的发展趋势与风险特征》，《国际金融研究》2016 年第 11 期。

李静、刘迪、彭飞：《绿色贸易壁垒冲击与环境治理改善：基于中国企业的证据》，《经济评论》2023 年第 1 期。

李雷、杨水利、陈娜：《数字化转型对企业投资效率的影响研究》，《软科学》2022 年第 11 期。

李丽、董必俊：《区域碳金融发展水平与影响因素研究》，《经济与管理》2018 年第 1 期。

李胜兰、林沛娜：《我国碳排放权交易政策完善与促进地区污染减排效应研究——基于省级面板数据的双重差分分析》，《中山大学学报》（社会科学版）2020 年第 5 期。

李文贵、余明桂：《民营化企业的股权结构与企业创新》，《管理世界》
　　2015 年第 4 期。

李小林、常诗杰、司登奎：《货币政策、经济不确定性与企业投资效
　　率》，《国际金融研究》2021 年第 7 期。

李晓西、刘一萌、宋涛：《人类绿色发展指数的测算》，《中国社会科
　　学》2014 年第 6 期。

李新、路路、穆献中等：《京津冀地区钢铁行业协同减排成本—效益分
　　析》，《环境科学研究》2020 年第 9 期。

李烨、黄速建：《我国国有企业的综合绩效影响因素研究——以 2006—
　　2014 年沪深国有 A 股公司为样本》，《经济管理》2016 年第 11 期。

李毓、胡海亚、李浩：《绿色信贷对中国产业结构升级影响的实证分
　　析——基于中国省级面板数据》，《经济问题》2020 年第 1 期。

李玥莹、黄丽君：《财政环保支出对碳减排的空间溢出效应分析》，《统
　　计与决策》2022 年第 15 期。

李赟鹏、武毓涵：《资源型区域金融创新能力与转型关系的实证分析》，
　　《经济问题》2015 年第 4 期。

李竹、王兆峰、吴卫等：《碳中和目标下中国省域碳平衡能力与城镇化
　　的关系》，《自然资源学报》2022 年第 12 期。

连玉君、王闻达、叶汝财：《Hausman 检验统计量有效性的 Monte Carlo
　　模拟分析》，《数理统计与管理》2014 年第 5 期。

林伯强、蒋竺均：《中国二氧化碳的环境库兹涅茨曲线预测及影响因素
　　分析》，《管理世界》2009 年第 4 期。

林伯强、王喜枝、杜之利：《环境规制对中国工业能源效率的影响——
　　基于微观企业数据的实证研究》，《厦门大学学报》（哲学社会科学
　　版）2021 年第 4 期。

林琳、赵杨：《名人 CEO 与企业投资效率》，《科学决策》2022 年第
　　3 期。

林志宏、赵思艺：《碳排放权交易政策对企业财务绩效的影响研究——

基于多时点双重差分模型的检验》，《中国注册会计师》2022 年第
　　10 期。

林钟高、刘文庆：《信息披露监管模式变更影响企业投资效率吗？——
　　基于双重差分模型的实证检验》，《财经理论与实践》2022 年第 4 期。

刘海英、郭文琪：《碳排放权交易政策试点与能源环境效率——来自中
　　国 287 个地级市的实证检验》，《西安交通大学学报》（社会科学版）
　　2022 年第 5 期。

刘华珂、何春：《基于中介效应模型的绿色金融支持经济高质量发展实
　　证研究》，《绿色金融》2021 年第 10 期。

刘满芝、杜明伟、刘贤贤：《政府补贴与新能源企业绩效：异质性与时
　　滞性视角》，《科研管理》2022 年第 3 期。

刘莎、刘明：《绿色金融、经济增长与环境变化——西北地区环境指数
　　实现"巴黎承诺"有无可能?》，《当代经济科学》2020 年第 1 期。

刘锡良、文书洋：《中国的金融机构应当承担环境责任吗？——基本事
　　实、理论模型与实证检验》，《经济研究》2019 年第 3 期。

刘晓光、刘元春：《杠杆率、短债长用与企业表现》，《经济研究》2019
　　年第 7 期。

卢治达：《碳金融对资源型产业低碳化的影响研究——基于 CDM 的实证
　　研究》，《金融理论与实践》2020 年第 11 期。

陆菁、鄢云、王韬璇：《绿色信贷政策的微观效应研究——基于技术创
　　新与资源再配置的视角》，《中国工业经济》2021 年第 1 期。

吕鲲、潘均柏、周伊莉等：《政府干预、绿色金融和区域创新能力——
　　来自 30 个省份面板数据的证据》，《中国科技论坛》2022 年第 10 期。

吕铭志、盛连喜、张立：《中国典型湿地生态系统碳汇功能比较》，《湿
　　地科学》2013 年第 1 期。

吕越、陆毅、吴嵩博等：《"一带一路"倡议的对外投资促进效应——
　　基于 2005—2016 年中国企业绿地投资的双重差分检验》，《经济研
　　究》2019 年第 9 期。

马骏：《论构建中国绿色金融体系》，《金融论坛》2015 年第 5 期。

马骏：《中国绿色金融的发展与前景》，《经济社会体制比较》2016 年第 6 期。

马丽梅、刘生龙、张晓：《能源结构、交通模式与雾霾污染——基于空间计量模型的研究》，《财贸经济》2016 年第 1 期。

马明娟、李强、韩强：《基于 Agent-CET 模型的电力企业碳减排交易机制研究》，《工业工程》2019 年第 4 期。

马妍妍、俞毛毛：《出口企业更"绿色"吗？——基于上市公司绿色投资行为的分析》，《经济经纬》2020 年第 3 期。

马忠玉、冶伟峰、蔡松锋等：《基于 SICGE 模型的中国碳市场与电力市场协调发展研究》，《宏观经济研究》2019 年第 5 期。

麦均洪、徐枫：《基于联合分析的我国绿色金融影响因素研究》，《宏观经济研究》2015 年第 5 期。

毛彦军、曲迎波、郑天恩：《绿色信贷的碳排放效应及其能源效率机制研究——基于空间计量模型的分析》，《金融理论与实践》2022 年第 9 期。

莫凌水、翟永平、张俊杰：《"一带一路"绿色投资标尺和绿色成本效益核算》，《中国人民大学学报》2019 年第 4 期。

潘敏、王晨：《碳排放权交易试点阶段企业减排效应研究》，《经济纵横》2022 年第 10 期。

潘越、汤旭东、宁博等：《连锁股东与企业投资效率：治理协同还是竞争合谋》，《中国工业经济》2020 年第 2 期。

彭星、李斌：《贸易开放、FDI 与中国工业绿色转型——基于动态面板门限模型的实证研究》，《国际贸易问题》2015 年第 1 期。

朴世龙、何悦、王旭辉等：《中国陆地生态系统碳汇估算：方法、进展、展望》，《中国科学：地球科学》2022 年第 6 期。

祁芳梅、裴潇、叶云：《环境保护、绿色金融对经济高质量发展影响的实证》，《统计与决策》2022 年第 13 期。

任亚运、余坚、刘俊霞：《"双碳"目标下绿色金融的碳减排效应及作用机制检验》，《财会月刊》2023 年第 1 期。

沈冰、龙星燎：《注册制改革对创业板股价波动的影响——基于 PSM-DID 的实证研究》，《当代金融研究》2022 年第 11 期。

沈凤琴：《国企与民企创新机制和效率比较与改进研究》，《中国产经》2020 年第 22 期。

沈洪涛、黄楠：《碳排放权交易机制能提高企业价值吗》，《财贸经济》2019 年第 1 期。

石建屏、李新、罗珊等：《中国低碳经济发展的时空特征及驱动因子研究》，《环境科学与技术》2021 年第 1 期。

史丹、李少林：《排污权交易制度与能源利用效率——对地级及以上城市的测度与实证》，《中国工业经济》2020 年第 9 期。

苏冬蔚、连莉莉：《绿色信贷是否影响重污染企业的投融资行为?》，《金融研究》2018 年第 12 期。

孙畅、王湛、刘嘉琦：《绿色技术创新与绿色金融体系发展的耦合性研究》，《金融理论与实践》2021 年第 10 期。

孙畅、王湛、刘嘉琦：《绿色技术创新与绿色金融体系发展的耦合性研究》，《金融理论与实践》2022 年第 10 期。

孙焱林、陈青青：《绿色金融发展对技术进步、经济增长的影响——基于 PVAR 模型的实证研究》，《金融与经济》2019 年第 5 期。

孙峥：《基于市场机制的环境政策浅析——以碳交易、环境税和碳税为例》，《中国经贸导刊》（理论版）2017 年第 29 期。

谈多娇、王丹、周家齐：《碳市场、内部控制和碳信息质量——基于中国 A 股电力企业的实证研究》，《会计之友》2022 年第 2 期。

谭建立、赵哲：《财政支出结构、新型城镇化与碳减排效应》，《当代财经》2021 年第 8 期。

谭玲玲、肖双：《基于全要素生产率视角资源型城市低碳转型效果评价模型》，《中国矿业》2018 年第 2 期。

陶桂芬、方晶：《区域产业结构变迁对经济增长的影响——基于1978—2013年15个省份的实证研究》，《经济理论与经济管理》2016年第11期。

田娟娟、张金锁：《基于STIRPAT模型的煤炭资源富集区碳排放影响因素分析》，《西安科技大学学报》2021年第4期。

田原、朱淑珍、陈炜：《中国金融环境与碳市场发展的关联度及作用分析——基于G20背景》，《财经理论与实践》2017年第5期。

万佳彧、李彬、徐宇哲：《数字金融对企业投资效率影响的实证检验》，《统计与决策》2022年第19期。

王爱军、高抒、贾建军等：《江苏王港盐沼的现代沉积速率》，《地理学报》2005年第1期。

王宏涛、曹文成、王一鸣：《绿色金融政策与商业银行风险承担：机理、特征与实证研究》，《金融经济学研究》2022年第4期。

王火根、肖丽香、廖冰：《基于系统动力学的中国碳减排路径模拟》，《自然资源学报》2022年第5期。

王建发：《我国绿色金融发展现状与体系构建——基于可持续发展背景》，《技术经济与管理研究》2020年第5期。

王君萍、刘亚倩、李善燊：《"双碳"目标下区域绿色金融发展时空特征及障碍因子诊断》，《生态经济》2022年第10期。

王康仕、孙旭然、王凤荣：《绿色金融发展、债务期限结构与绿色企业投资》，《金融论坛》2019年第7期。

王康仕、孙旭然、王凤荣：《绿色金融、融资约束与污染企业投资》，《当代经济管理》2019年第12期。

王乐：《营运资金管理效率对公司绩效的影响研究——基于渠道管理角度电力行业的经验数据》，《财会通讯》2017年第33期。

王敏、胡忠世：《碳排放权交易政策对产业集聚的影响研究》，《南京财经大学学报》2021年第3期。

王倩、郝俊赫、高小天：《碳交易制度的先决问题与中国的选择》，《当代经济研究》2013 年第 4 期。

王喜平、王素静：《碳交易政策对我国钢铁行业碳排放效率的影响》，《科技管理研究》2022 年第 1 期。

王小鲁、胡李鹏、樊纲：《中国分省份市场化指数报告（2021）》，社会科学文献出版社 2021 年版。

王衍行、李富强、甘煜：《市场投资视角下绿色信贷对社会资产增长和环境保护作用的研究》，《金融监管研究》2013 年第 9 期。

王遥、潘冬阳、张笑：《绿色金融对中国经济发展的贡献研究》，《经济社会体制比较》2016 年第 6 期。

王遥、任玉洁：《"双碳"目标下的中国绿色金融体系构建》，《当代经济科学》2022 年第 5 期。

王勇、毕莹、王恩东：《中国工业碳排放达峰的情景预测与减排潜力评估》，《中国人口·资源与环境》2017 年第 10 期。

魏建、黄晓光：《中国环境财政政策组合推动工业绿色转型的作用机制研究》，《中山大学学报》（社会科学版）2021 年第 2 期。

文书洋、刘浩、王慧：《绿色金融、绿色创新与经济高质量发展》，《金融研究》2022 年第 8 期。

文书洋、史皓铭、郭健：《一般均衡理论视角下绿色金融的减排效应研究：从模型构建到实证检验》，《中国管理科学》2022 年第 12 期。

武汉大学国家发展战略研究院课题组：《中国实施绿色低碳转型和实现碳中和目标的路径选择》，《中国软科学》2022 年第 10 期。

武力超、丛姗、林澜等：《出口对企业绿色技术创新的理论与实证研究》，《南方经济》2022 年第 8 期。

西南财经大学发展研究院、环保部环境与经济政策研究中心课题组、李晓西等：《绿色金融与可持续发展》，《金融论坛》2015 年第 10 期。

肖露璐、洪荭、胡华夏：《管理层权力、盈余管理与投资效率》，《财会月刊》2017 年第 24 期。

谢鸿宇、陈贤生、林凯荣等：《基于碳循环的化石能源及电力生态足迹》，《生态学报》2008 年第 4 期。

谢伟峰、陈省宏：《企业社会责任、盈余管理与公司投资效率关系研究——中国 A 股上市公司的证据》，《企业经济》2021 年第 9 期。

熊鹰、王克林、蓝万炼等：《洞庭湖区湿地恢复的生态补偿效应评估》，《地理学报》2004 年第 5 期。

徐欣、夏芸：《中国企业出口具有学习效应吗？——来自"英国脱欧"自然实验的新证据》，《科学学研究》2022 年第 1 期。

许东彦、佟孟华、林婷：《环境信息规制与企业绩效——来自重点排污单位的准自然实验》，《浙江社会科学》2020 年第 5 期。

严武、孔雯：《企业社会责任、CEO 权力与投资效率》，《金融与经济》2022 年第 11 期。

杨博文：《习近平新发展理念下碳达峰、碳中和目标战略实现的系统思维、经济理路与科学路径》，《经济学家》2021 年第 9 期。

杨顺顺：《基于 LEAP 模型的长江经济带分区域碳排放核算及情景分析》，《生态经济》2017 年第 9 期。

杨元合、石岳、孙文娟等：《中国及全球陆地生态系统碳源汇特征及其对碳中和的贡献》，《中国科学：生命科学》2022 年第 4 期。

杨忠智、乔印虎：《行业竞争属性、公司特征与社会责任关系研究——基于上市公司的实证分析》，《科研管理》2013 年第 3 期。

姚西龙、牛冲槐、刘佳：《创新驱动、绿色发展与我国工业经济的转型效率研究》，《中国科技论坛》2015 年第 1 期。

伊莱娜·莫拿斯特若罗、斯泰法诺·巴提斯顿：《前瞻性气候风险评估工具 CLIMAFIN 的方法学和应用》，《清华金融评论》2020 年第 9 期。

易兰、李朝鹏、杨历等：《中国 7 大碳交易试点发育度对比研究》，《中国人口·资源与环境》2018 年第 2 期。

易艳春、宋德勇：《经济增长与我国碳排放：基于环境库兹涅茨曲线的分析》，《经济体制改革》2011 年第 3 期。

尹伟华：《"十四五"时期我国产业结构变动特征及趋势展望》，《中国物价》2021 年第 9 期。

余一枫、刘慧宏：《绿色金融对碳排放的影响研究——基于可调节的中介效应》，《科技与经济》2022 年第 4 期。

虞晓雯、雷明：《面板 VAR 模型框架下我国低碳经济增长作用机制的动态分析》，《中国管理科学》2014 年第 S1 期。

曾林、叶永卫、王耀德：《碳交易价格对企业创新的影响：基于中国上市公司的实证研究》，《上海金融》2021 年第 11 期。

曾文革、党庶枫：《〈巴黎协定〉国家自主贡献下的新市场机制探析》，《中国人口·资源与环境》2017 年第 9 期。

曾学文、刘永强、满明俊等：《中国绿色金融发展程度的测度分析》，《中国延安干部学院学报》2014 年第 6 期。

张峰、战相岑、殷西乐等：《进口竞争、服务型制造与企业绩效》，《中国工业经济》2021 年第 5 期。

张红霞、李猛、王悦：《环境规制对经济增长质量的影响》，《统计与决策》2020 年第 23 期。

张可、李语晨、赵锦楸：《绿色信贷促进了节能减排吗》，《财经科学》2022 年第 1 期。

张莉莉、肖黎明、高军峰：《中国绿色金融发展水平与效率的测度及比较——基于 1040 家公众公司的微观数据》，《中国科技论坛》2018 年第 9 期。

张涛、吴梦萱、周立宏：《碳排放权交易是否促进企业投资效率？——基于碳排放权交易试点的准实验》，《浙江社会科学》2022 年第 1 期。

张婷、李泽辉、崔婕：《绿色金融、环境规制与产业结构优化》，《山西财经大学学报》2022 年第 6 期。

张婷、李泽辉：《"碳达峰、碳中和"目标下绿色金融的减排效应及其作用机制分析》，《华北金融》2022 年第 3 期。

张伟伟、李天琦、高锦杰：《"一带一路"沿线国家绿色金融合作机制构建研究》，《经济纵横》2019 年第 3 期。

赵金凯、张萌、吴婷：《强可持续视角下中国碳中和指数的区域差异、结构差异及分布差异》，《西安交通大学学报》（社会科学版）2023年第2期。

赵宁、周蕾、庄杰等：《中国陆地生态系统碳源/汇整合分析》，《生态学报》2021年第19期。

赵荣钦、黄贤金、彭补拙：《南京城市系统碳循环与碳平衡分析》，《地理学报》2012年第6期。

赵世君、王妍妍、杨慧辉：《高新技术企业多元化经营对企业绩效的影响研究》，《财会通讯》2022年第23期。

赵昕东、沈承放：《碳排放与经济增长关系的实证研究——基于福建省的经验数据》，《江南大学学报》（人文社会科学版）2021年第4期。

赵哲、谭建立：《中国财政支出对碳排放影响的双重效应分析》，《云南财经大学学报》2020年第5期。

赵振智、程振、吕德胜：《国家低碳战略提高了企业全要素生产率吗？——基于低碳城市试点的准自然实验》，《产业经济研究》2021年第6期。

赵忠秀、王苒、Hinrich Voss等：《基于经典环境库兹涅茨模型的中国碳排放拐点预测》，《财贸经济》2013年第10期。

郑明月：《钢铁产业发展趋势及碳中和路径研究》，《冶金经济与管理》2022年第1期。

郑效晨、刘渝琳：《FDI、人均收入与环境效应》，《财经科学》2012年第5期。

郑志刚、成为、许荣：《对上市与企业绩效改善关系的再检验——基于我国制造业配对样本的证据》，《金融研究》2014年第9期。

仲云云：《基于低碳发展的中国区域碳排放情景分析与路径选择》，《生态经济》2016年第11期。

周畅、蔡海静、刘梅娟：《碳排放权交易的微观企业财务效果——基于"波特假说"的PSM-DID检验》，《财经论丛》2020年第3期。

周琛影、田发、周腾：《绿色金融对经济高质量发展的影响效应研究》，

《重庆大学学报》(社会科学版) 2022 年第 6 期。

周嘉、王钰萱、刘学荣等:《基于土地利用变化的中国省域碳排放时空差异及碳补偿研究》,《地理科学》2019 年第 12 期。

周小亮、宋立:《中国工业低碳转型:现实分析与政策思考》,《数量经济技术经济研究》2022 年第 8 期。

朱广印、王思敏:《绿色金融对绿色经济效率的影响研究》,《金融理论与实践》2022 年第 4 期。

朱敏、王凯丽、唐海云:《绿色金融发展对生态效率的空间溢出效应研究——以黄河流域资源型城市为例》,《金融发展研究》2022 年第 4 期。

朱向东、黄永源、朱晟君等:《绿色金融影响下中国污染性产业技术创新及其空间差异》,《地理科学》2021 年第 5 期。

朱宇恩、李丽芬、贺思思等:《基于 IPAT 模型和情景分析法的山西省碳排放峰值年预测》,《资源科学》2016 年第 12 期。

祝红梅、臧诗瑶:《推动中小企业绿色发展的经验与思考》,《金融发展研究》2022 年第 6 期。

庄芹芹、吴滨、洪群联:《市场导向的绿色技术创新体系:理论内涵、实践探索与推进策略》,《经济学家》2020 年第 11 期。

庄旭东、段军山:《社会责任承担、环境不确定性与企业投资效率——经营稳定性保险效应与异质性影响分析》,《当代经济科学》2022 年第 2 期。

英文参考

Abrell, J., Weigt, H., "The Interaction of Emissions Trading and Renewable Energy Promotion", *Dresden University of Technology Working Paper*, no. WP-EGW-05, 2008.

Adam, B. J., Karen Palmer, "Environmental Regulation and Innovation: APanel Data Study", *The Review of Economics and Statistics*, Vol. 79,

No. 4, 1997.

Andersen, P., Petersen, N. C., "A Procedure for Ranking Efficient Units in Data Envelopment Analysis", *Management Science*, Vol. 39, No. 10, 1993.

Bernea, A., Rubin, A., "Corporate Social Responsibility as a Conflit between Shareholders", *Joumal of Business Ethics*, Vol. 97, No. 1, 2010.

Biddle, G. C., Hilary, G., "Accounting Quality and Firm-level Capital Investment", *The Accounting Review*, Vol. 81, No. 5, 2006.

Chahine, S., Fang Y., Hasan I., et al., "Entrenchment through Corporate Social Responsibility: Evidence from CEO Network Centrality", *International Review of Financial Analysis*, 2019.

Chen, J., "An Empirical Study on China's Energy Supply-and-demand Model Considering Carbon Emission Peak Constraints in 2030", *Engineering*, Vol. 3, 2017.

Clark, R., Reed, J., Sunderland, T., "Bridging Funding Gaps for Climate and Sustainabl Development: Pitfalls, Progress and Potential of Private Finance", *Land Use Policy*, Vol. 71, 2018.

Dales, J. H., "Pollution, Property and Prices: An Essay in Policy-making and Economics", *Edward Elgar Pub*, Vol. 11, No. 23, 1968.

Dales, J. H., "Pollution, Property & Prices: An Essay in Policy-Making and Economics", Toronto: University of Toronto Press, 1968.

Dietz, T., Rosa, E. A., "Rethinking the Environmental Impacts of Population, Affluence and Technology", *Human Ecology Review*, Vol. 1, No. 2, 1994.

Duan, J., Niu, M., "The Paradox of Green Credit in China", *Energy Procedia*, 2011.

Fabra, N., Reguant, M., "Pass-Through of Emissions Costs in Electricity Markets", *American Economic Review*, Vol. 104, No. 9, 2014.

Flammer, C. , "Corporate Green Bonds", *Journal of Financial Economics*, Vol. 142, No. 2, 2021.

Giorgio, P. , Barbara Bigliardi, Francesco Galati, "Rethinking the Porter Hypothesis: The Underappreciated Importance of Value Appropriation and Pollution Intensity ", *Review of Policy Research*, Vol. 36, No. 1, 2019.

Grossman, G. M. , Krueger, A. B. , "Environmental Impacts of a North American Free Trade Agreement", *Social Science Electronic Publishing*, Vol. 8, No. 2, 1992.

Guan, et al. , Guan, Y. , Shan, Y. , et al. , "Assessment to China's Recent Emission Pattern Shifts", *Earth's Future*, Vol. 9, No. 11, 2021.

Guan, Y. R. , Shan, Y. L. , Huang, Q. , et al. , "Assessment to China's Recent Emission Pattern Shifts", *Earth's Future*, Vol. 9, No. 11, 2021.

Guan, Y. , Shan, Y. , Huang, Q. , et al. , "Assessment to China's Recent Emission Pattern Shifts", *Earth's Future*, Vol. 9, No. 11, 2021.

Hansen, B. E. , "Threshold Effects in Non-dynamic Panels: Estimation, Testing, and Inference", *Journal of Econometrics*, Vol. 93, 1999.

Han, X. , Jiao J. , Liu, L. , et al. , "China's Energy Demand and Carbon Dioxide Emissions: Do Carbon Emission Reduction Paths Matter?", *Nat Hazards*, Vol. 86, 2017.

Hassan, O. A. G. , Romilly, P. , "Relations between Corporate Economic Performance, Environmental Disclosure and Greenhouse Gas Emissions: New Insights", *Business Strategy and the Environment*, No. 7, 2018.

Hoepner, A. , Oikonomou, I. , Scholtens, B. , et al. , "The Effects of Corporate and Country Sustainability Characteristics on the Cost of Debt: An International Investigation", *Journal of Business Finance & Accounting*, Vol. 43, No. 1, 2016.

Hong, Y. , Andersen, M. L. , "The Relationship between Corporate Social Responsibility and Earnings Management: Anexploratorv Study", *Journal of Business Ethics*, Vol. 104, No. 4, 2011.

Huang, Kelly, "Management Forecast Errors and Corporate Investment Efficiency", *Journal of Contemporary Accounting & amp Economics*, Vol. 16, No. 3, 2020.

Huang, Y., Xue, L., Khan, Z., "What Abates Car-bon Emissions in China: Examining the Impact of Re-newable Energy and Green Investment", *Sustainable Development*, 2021.

Hu, G., Wang, X., Wang, Y., "Can the Green Credit Policy Stimulate Green Innovation in Eavily Polluting Enterprises? Evidence from a Quasi-natural Experiment in China", *Energy Economics*, Vol. 98, No. 3, 2021.

IMF, *The Effects of Weather Shocks on Economic Activity*, IMF., *World Economic Outlook*, 2017.

Kinzig, A. P., Kammen, D. M., "National Trajectories of Carbon Emissions: Analysis of Proposals to Foster the Transition to Low-carbon Economies", *Global Environmental Change*, Vol. 8, No. 3, 1998.

Labatt, S., White, R. R., *Environmental Finance: A Guide to Environmental Risk Assessment and Financial Products*, Canada: John Wiley & Sons Inc., 2002.

Lee Chi-Chuan, Lee Chien-Chiang, "How Does Green Finance Affect Green Total Factor Productivity? Evidence from China", *Energy Economics*, Vol. 107, No. 3, 2022.

Linnenluecke, M. K., Smith, T., McKnight, B., "Environmental Finance: A Research Agenda for Interdisciplinary Finance Research", *Economic Modelling*, Vol. 59, 2016.

Liu, X., Wang, E., Cai, D., "Green Credit Policy, Property Rights and Debt Financing: Quasi-natural Experimental Evidence from China", *Fiance Research Letters*, No. 29, 2019.

Lugovoy, O., Feng, X., Gao, J., et al., "Multi-model Comparison of

CO_2 Emissions Peaking in China: Lessons from CEMF01 Study", *Advances in Climate Change Research*, Vol. 9, 2018.

Michael, E. P., Claasvander Linde, "Towarda New Conception of the Environment-Competitiveness Relationship", *The Journal of Economic Perspectives*, Vol. 9, No. 4, 1995.

Oestreich, A. M., Ilias Tsiakas, "Carbon Emissions and Stock Returns: Evidence from the EU Emissions Trading Scheme", *Journal of Banking and Finance*, Vol. 58, 2015.

Raphael, C., Antoine D., "Environmental Policy and Directed Technological Change: Evidence from the European Carbon Market", *Review of Economics and Statistics*, Vol. 98, No. 1, 2016.

Richardson, S., "Over-investment of Free Cash Flow", *Review of Accounting Studies*, Vol. 11, No. 2 – 3, 2006.

Robert, M. B., Abbie J. Smith, "Financial Accounting Information and Corporate Governance", *Journal of Accounting and Economics*, Vol. 32, No. 1, 2001.

Sachs, J. D., Woo, W. T., Yoshino, N., et al., "Importance of Green Finance for Achieving Sustainable Development Goals and Energy Security", *Handbook of Green Finance: Energy Security and Sustainable Development*, 2019.

Scholtens, B., "Finance as a Driver of Corporate Social Responsibility", *Journal of Business Ethics*, Vol. 68, No. 1, 2006.

Shahbaz, M., Lean, H. H., "Does Financial Development Increase Energy Consumption? The Role of Industrialization and Urbanization in Tunisia", *Energy Policy*, Vol. 40, 2020.

Shan, Y., Guan, D., Hubacek, K., et al., "City-level Climate Change Mitigation in China", *Science Advances*, Vol. 4, No. 6, 2018.

Shan, Y., Huang, Q., Guan, D., et al., "China CO_2 Emission Accounts 2016 – 2017", *Scientific data*, Vol. 7, No. 1, 2020.

Shan, Y. L., Guan, D. B., Zheng, H. R., et al., "China CO$_2$ Emission Accounts 1997 – 2015", *Scientific Data*, Vol. 5, No. 1, 2018.

Shan, Y. L., Huang, Q., Guan, D. B., et al., "China CO$_2$ Emission Accounts 2016 – 2017", *Scientific Data*, Vol. 7, No. 1, 2020.

Shan, Y. L., Liu, J. H., Liu, Z., et al., "New Provincial CO$_2$ Emission Inventories in China Based on Apparent Energy Consumption Data and Updated Emission Factors", *Applied Energy*, Vol. 184, 2016.

Sijm, J., Neuhoff, K., Chen, Y., "CO$_2$ Cost Pass-through and Windfall Profits in the Power Sector", *Climate Policy*, Vol. 6, No. 1, 2006.

Sijm, J., Neuhoff, K., Chen, Y., "CO$_2$ Cost Pass Through and Windfall Profits in the Power Sector", *Working Papers*, Vol. 6, No. 1, 2016.

Steckel, J. C., Jakob, M., Flachsland, C., et al., "From Climate Finance Toward Sustainable Development Finance", *Wiley Interdisciplinary Reviews: Climate Change*, Vol. 8, No. 1, 2017.

Su, K., Lee, C. M., "When Will China Achieve Its Carbon Emission Peak? A Scenario Analysis Based on Optimal Control and the STIRPAT Model", *Ecological Indicators*, Vol. 112, 2020.

Sun, Z., Liu, Y., Yu, Y., "China's Carbon Emission Peak Pre-2030: Exploring Multi-scenario Optimal Low-carbon Behaviors for China's Regions", *Journal of Cleaner Production*, No. 231, 2019.

Tang, Maogang, Cheng, Silu, Guo, Wenqing, et al., "Effects of Carbon Emission Trading on Companies' Market Value: Evidence from Listed Companies in China", *Atmosphere*, Vol. 13, No. 2, 2022.

Tone, K., "Slacks-based Measure of Efficiency", *European Journal of Operational Research*, Vol. 130, 2000.

Vinish, K., "Controlling Water Pollution in Developing and Transition Countries-lessons from Three Successful Cases", *Journal of Environmental Man-*

agement, Vol. 78, No. 4, 2005.

Wang, E., Liu X., Wu, J., et al., "Green Credit, Debt Maturity and Corporate Investment—evidence from China", *Sustainability*, Vol. 11, No. 3, 2019.

Wang, Q. Y., "Fixed-effect Panel Threshold Model Using Stata", *The Stata Journal*, Vol. 15, No. 1, 2015.

Wang, Yinfan, Li, Ling, Chen, Zhiran, *A Study on Investment Efficiency and Influencing Factors of Chinese A-Share Tourism Listed Companies: Based on Richardson Investment Model*, Chongqing, China, 2022.

Wayne, B. G., Ronald, J. S., "Plant Vintage, Technology, and Environmental Regulation", *Journal of Environmental Economics and Management*, Vol. 46, No. 3, 2003.

Wei, L., Yan-Wu, Z., Can, L., "The Impact on Electric Power Industry Under the Implementation of National Carbon Trading Market in China: A Dynamic CGE Analysis", *Journal of Cleaner Production*, Vol. 200, 2018.

Yiyi, J., Kiyoshi, F., "Modeling the Cost Transmission Mechanism of the Emission Trading Scheme in China", *Applied Energy*, Vol. 236, 2019.

Zachmann, G., Ndoye, A., Abrell, J., "Assessing the Impact of the EUETS Using Firm Level Data", *Working Papers*, 2011.

Zhou, X., Tang, X., Zhang, R., "Impact of Green Finance on Economic Development and Environmental Quality: A Study Based on Provincial Panel Data from China", *Environmental Science and Pollution Research*, Vol. 27, No. 16, 2020.

Zhu, L., Zhang, X. B., Li, Y., "Can an Emission Trading Scheme Promote the Withdrawal of Outdated Capacity in Energy-intensive Sectors? A Case Study on China's Iron and Steel Industry", *Energy Economics*, Vol. 63 (MAR.), 2017.

Zhu, Q., Sarkis, J., Lai, K., "An Institutional Theoretic Investigation on the Linksbetween Internationalization of Chinese Manufacturers and Their Environmentalsupply Chain Management", *Resources*, *Conservationand Recycling*, Vol. 55, No. 6, 2011.